职业教育·铁道运输类专业教材

U0649392

铁路信号基础设备维护实训指导

赖成红 主 编

赵毅仁 副主编

付 兵 主 审

人民交通出版社

北 京

内 容 提 要

本书为职业教育铁道运输类专业教材。其主要内容包括实训安全注意事项及信号继电器维护实训、色灯信号机维护实训、轨道电路维护实训、转辙机维护实训四个项目。

本书可作为职业教育铁道信号自动控制专业及铁道运输类相关专业教材,也可供铁路现场信号工程技术人员和信号设备维修人员学习参考。

本书配套课件等教学资源,任课教师可通过加入"职教铁路教学研讨群"(QQ 群号:211163250)获取。

图书在版编目(CIP)数据

铁路信号基础设备维护实训指导/赖成红主编.
北京:人民交通出版社股份有限公司,2025.7.
ISBN 978-7-114-20377-0

Ⅰ.U284.92

中国国家版本馆 CIP 数据核字第 2025GA0023 号

职业教育·铁道运输类专业教材
Tielu Xinhao Jichu Shebei Weihu Shixun Zhidao

书 名:	**铁路信号基础设备维护实训指导**
著 作 者:	赖成红
责任编辑:	杨 思
责任校对:	赵媛媛 刘 璇
责任印制:	张 凯
出版发行:	人民交通出版社
地 址:	(100011)北京市朝阳区安定门外外馆斜街 3 号
网 址:	http://www.ccpcl.com.cn
销售电话:	(010)85285911
总 经 销:	人民交通出版社发行部
经 销:	各地新华书店
印 刷:	北京印匠彩色印刷有限公司
开 本:	787×1092 1/16
印 张:	9.25
字 数:	211 千
版 次:	2025 年 7 月 第 1 版
印 次:	2025 年 7 月 第 1 次印刷
书 号:	ISBN 978-7-114-20377-0
定 价:	38.00 元

(有印刷、装订质量问题的图书,由本社负责调换)

前言

　　铁路信号基础设备维护实训是"铁路信号基础设备维护"课程的实践模块，是对铁路信号基础设备相关理论知识的实践。为了加强学习者对铁路信号基础设备结构部件、工作原理的认知及掌握，促进其对铁路信号基础设备维护专业技能的掌握，依据《铁路信号维护规则》《铁路技术管理规程》《铁路行车组织规则》的要求，组织编写了《铁路信号基础设备维护实训指导》一书。

　　本书由信号继电器维护实训、色灯信号机维护实训、轨道电路维护实训、转辙机维护实训四个项目组成，紧扣专业人才培养目标，以真实生产项目、典型工作任务等为载体，深度对接行业、企业标准，有机融入实际解决方案、岗位能力要求等内容，满足项目学习、模块化学习等不同学习方式的要求，有效激发学生学习兴趣和创新潜能。

　　本书由成都工业职业技术学院赖成红担任主编，中国铁路成都局集团有限公司贵阳电务段赵毅仁担任副主编，成都工业职业技术学院付兵担任主审。本书编写分工如下：赖成红编写项目一、项目四，赵毅仁编写项目二，成都工业职业技术学院刘欣、王婷编写项目三。

　　本书的编写得到了四川铁道职业学院杜中彦、重庆工信职业学院于久成、四川交通职业技术学院谭莉、四川邮电职业技术学院吴廷的关心和指导，得到了中国铁路成都局集团有限公司成都电务段、中国铁路成都局集团有限公司重庆电务段、中国铁路成都局集团有限公司贵阳电务段及成都地铁运营有限公司的大力支持，并借鉴和参考了相关的文献资料及案例，在此一并致谢。

　　由于编者水平有限，书中难免有遗漏和不足之处，恳请读者批评指正。

编　者

2025 年 1 月

数字资源列表

资源使用说明：

1. 扫描封面二维码，注意每个码只可激活一次；

2. 长按弹出界面的二维码关注"交通教育出版"微信公众号并自动绑定资源；

3. 微信公众号弹出"购买成功"通知，点击"查看详情"，进入后即可查看资源；

4. 也可进入"交通教育出版"微信公众号，点击下方菜单"用户服务—图书增值"，选择已绑定的教材进行查看。

序号	资源名称	序号	资源名称
1	安全型继电器的种类与用途	11	25Hz 相敏（及微电子相敏）轨道电路维护
2	认识无极继电器	12	ZD6 转辙机结构
3	认识整流式继电器	13	ZD6 系列电动转辙机拆卸与组装
4	认识有极继电器	14	认识 ZD6 系列电动转辙机自动开闭器
5	认识偏极继电器	15	ZD6 系列电动转辙机维护
6	继电器的测试	16	ZY（J）7 转辙机传动
7	色灯信号机认知	17	ZY（J）7 转辙机缺口调整
8	LED 信号机结构	18	ZD（J）9 转辙机拆解
9	色灯信号机检修	19	ZD（J）9 转辙机的传动过程
10	透镜式色灯信号机电气特性参数测试		

目录

实训安全注意事项

由于铁路信号基础设备维护实训的特殊性,为保障实训过程中的人身和设备安全,请实训人员熟知以下安全注意事项。

一、遵守操作规程和规范

实训人员必须熟悉并遵守相关的操作规程和规范,包括国家和行业的相关法律法规、技术标准和操作手册等。在进行铁路信号基础设备的操作、维修、安全检查等实训时,必须按照规定的程序和要求进行,不能违规操作。

二、严格执行安全制度

实训人员必须严格执行各种安全制度,并按照规定的程序和要求进行实训。严禁因个人原因擅自修改或违反安全制度,危及实训安全。

三、穿戴个人防护装备

实训人员在实训时必须按要求穿戴个人防护装备,以保证实训过程中的人身安全,并减轻实训时各种原因导致的伤害。

四、检查设备安全状态

实训人员在操作和维护设备之前,必须对设备安全状态进行检查,包括设备是否正常运行、电源是否正常接地、线路是否短路等。如果发现设备存在安全隐患,必须采取相应的措施,如停止操作、报告上级等,以确保实训安全。

五、防止误操作

实训人员必须十分谨慎地操作设备,特别是对于重要的设备,必须进行双人操作或者二次确认。在操作设备之前,必须清楚了解设备的操作要求和步骤,并经过培训和考核。在操作过程中必须集中注意力,避免分心或者疏忽导致的误操作。

六、熟悉应急处理措施

实训人员必须熟悉各类设备的应急处理措施,包括设备故障、事故、火灾等情况的处理方法和程序。当发生设备故障或事故时,必须及时采取相应的措施,如停电、隔离、报警等,以保证实训安全。

七、加强自身安全防范意识

实训人员必须时刻保持警惕,加强自身安全防范意识。在实训期间禁止干扰或者损坏设备、违纪乱纪、酗酒和吸烟等对实训安全有影响的行为。同时,必须积极参加安全教育培训,增强自身的安全意识和应急处理能力。

项目一

信号继电器维护实训

任务一　认识安全型继电器

　　信号继电器是铁路信号中所用各类继电器的统称,其不仅是构成各种继电式控制系统的关键,而且是计算机控制系统的接口部件,因此在铁路信号系统中得到广泛的应用。继电器类型繁多,信号继电器也分为不同种类,其中我国自行设计和制造的 AX 系列安全型继电器经现场几十年的应用考验,被证实安全可靠、性能稳定,能满足信号电路对继电器的各种要求。它是我国铁路信号继电器的主要定型产品,应用最为广泛。

　　安全型继电器是直流 24V 系列的重弹力式电磁继电器,其典型结构为无极继电器,其他各类型继电器由无极继电器派生。因此,绝大部分零件都能通用。

一、认识安全型继电器基本结构

　　安全型继电器由电磁系统和接点系统两大部分组成。电磁系统由线圈、固定的铁芯、轭铁以及可动的衔铁构成。接点系统由动接点、静接点(包括前接点、中接点和后接点)构成。安全型继电器基本结构如图 1-1 所示。

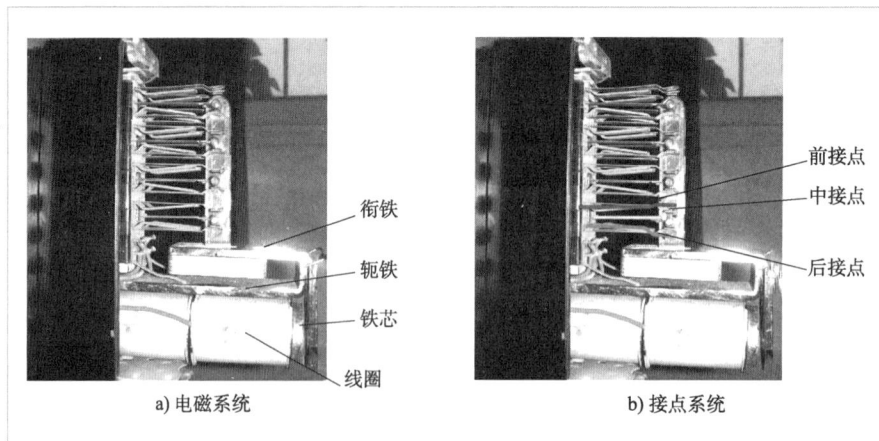

a) 电磁系统　　　　　　　　　　　　b) 接点系统

衔铁　轭铁　铁芯　线圈

前接点　中接点　后接点

图 1-1　安全型继电器基本结构

二、识读安全型继电器的型号

　　安全型继电器的型号采用汉语拼音字母和数字表示,字母表示继电器种类,数字表示线圈的电阻值(单位:Ω),如图 1-2 所示。

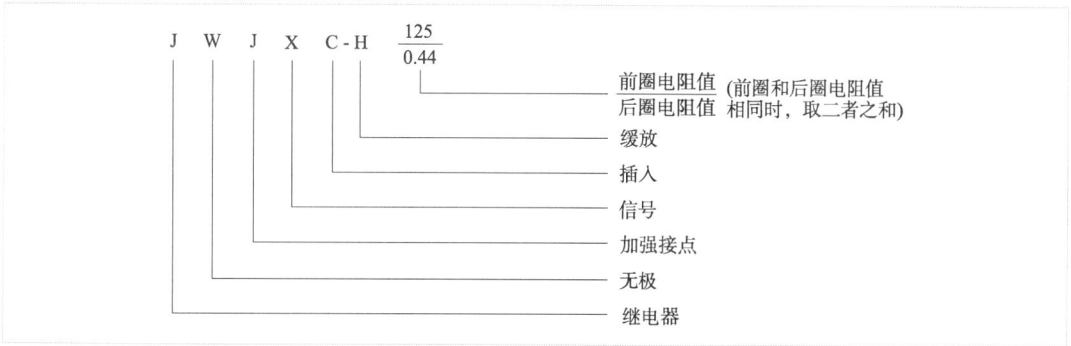

图 1-2　安全型继电器的型号

三、认识安全型继电器的插座

安全型继电器的
种类与用途

插入式安全型继电器需加装插座,插座下部钻有鉴别孔,可插入鉴别销,与继电器上的型别盖相吻合。其结构如图 1-3 所示。

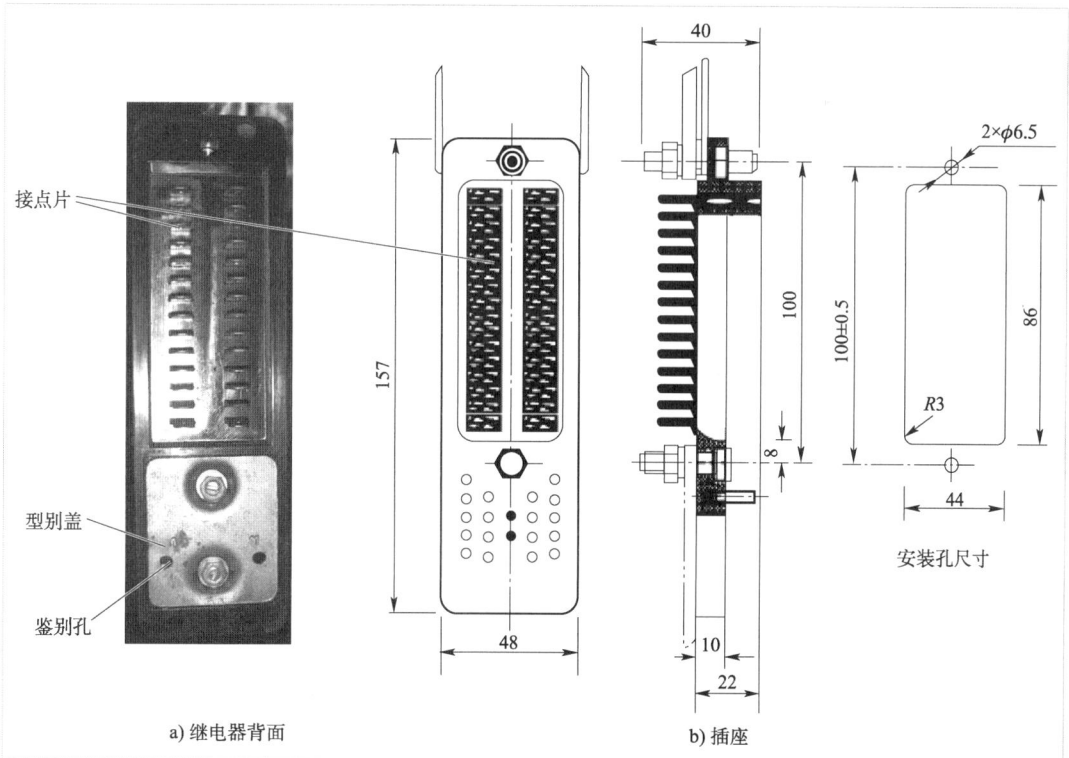

a) 继电器背面

b) 插座

安装孔尺寸

图 1-3　安全型继电器背面与插座对照(尺寸单位:mm)

插座插孔旁所注接点编号为无极继电器的接点编号,其他各型继电器的接点位置及编号与之不同,而实际使用的插座仅此一种,所以必须按图 1-4 的接点编号对照使用插座。

JWXC-1000
JWXC-H340
JWXC-1700
JWXC-$\frac{500}{H300}$

JWXC-7
JWXC-H600
JDBXC-$\frac{550}{550}$

JZXC-H18
JZXC-H156
JZXC-0.14

JZXC-480

JYXC-270

JYJXC-$\frac{135}{220}$

JWJXC-480

JPXC-1000
(实际使用时百位数不用)

JWJXC-H$\frac{125}{0.44}$
JWJXC-H$\frac{125}{0.13}$

JYXC-660

JWXC-2000

JWXC-2.3

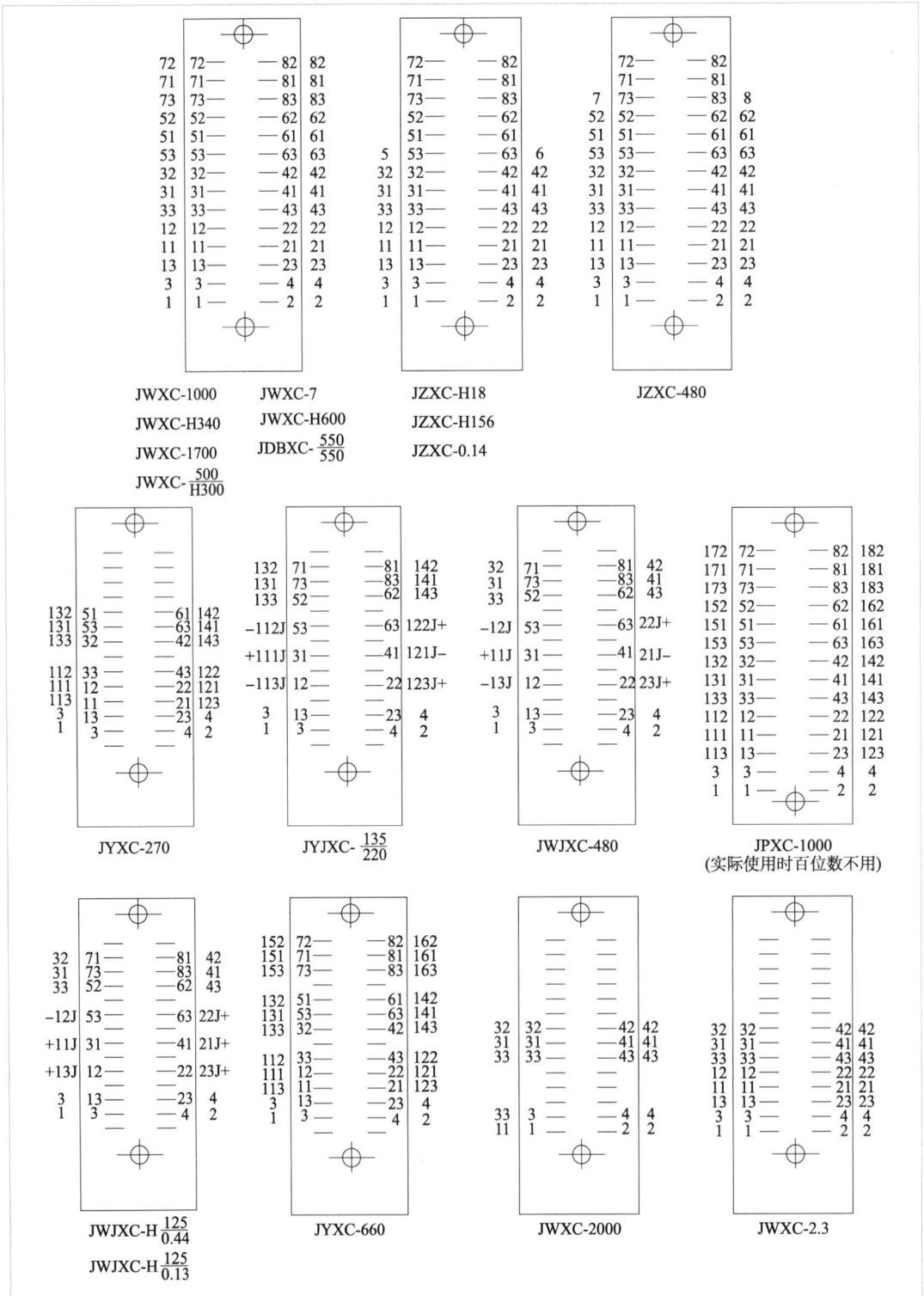

图 1-4　继电器与插座接点编号对照

四、认识无极继电器

常用的无极继电器有 JWXC-1700、JWXC-2.3 及缓放的 JWXC-H340、JWXC-H310、JWXC-H600 等型号。

JWXC 型直流无极继电器的结构如图 1-5 所示。无极继电器由电磁系统和接点系统两大部分组成。电磁系统包括线圈、铁芯、轭铁和衔铁等,具有结构紧凑、加工方便等特点。

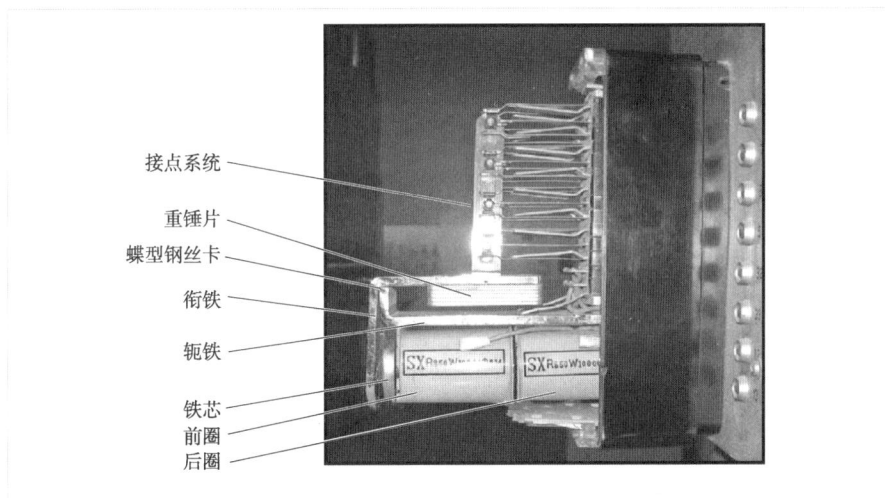

认识无极继电器

图 1-5 JWXC 型直流无极继电器的结构

学习笔记

加强接点继电器是为通断功率较大的信号电路而设计的。常用的无极加强接点继电器有 JWJXC-480、缓放的 JWJXC-H125/80 和 JWJXC-H80/0.06 等型号。JWJXC-480 型继电器的电磁系统具有加大尺寸的无极磁路,接点系统由两组普通接点和两组加强接点组成。普通接点与无极继电器相同,加强接点则是具有特殊设计和磁吹断路器的大功率接点。无极加强接点继电器与无极普通接点继电器对照如图 1-6 所示。

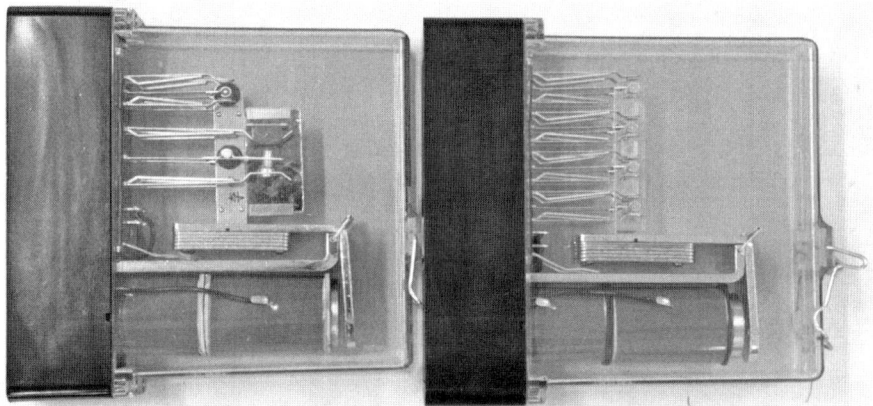

图 1-6 无极加强接点继电器(左)与无极普通接点继电器(右)对照

五、认识整流式继电器

整流式继电器用于交流电路中。它通过内部的半波整流电路或全波整流电路将交流电变为直流电而动作。之所以如此,是为了避免在 AX 系列继电器中采用结构形式完全不同的交流继电器,以提高产品的系列化、通用化水平。

认识整流式继电器

整流式继电器的电磁系统与无极继电器相同,只是磁路结构参数有所不同。更重要的是,它在接点组上方安装了由二极管组成的半波整流电路或全波整流电路。常用的整流式继电器有 JZXC-H18、JZXC-16F 等型号。

整流式继电器与无极继电器对照如图 1-7 所示。

六、认识有极继电器

有极继电器的磁路结构与无极继电器基本相同,不同的只是用一块端部呈刃形的长条形永久磁钢代替无极继电器的部分轭铁。磁钢与轭铁间用螺钉连接。JYXC-270 型有极继电器如图 1-8 所示。

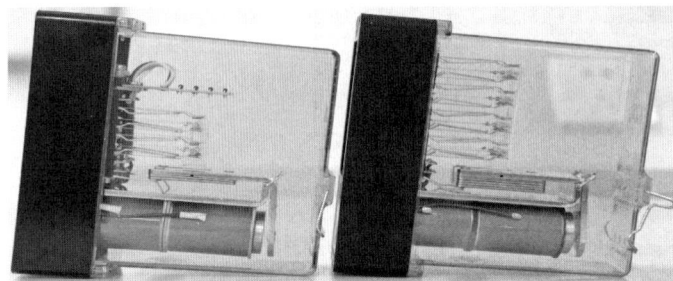

认识有极继电器

图 1-7 整流式继电器(左)与无极继电器(右)对照

图 1-8 JYXC-270 型有极继电器

七、认识偏极继电器

偏极继电器铁芯的极靴是方形的,在方形极靴下方用两个螺钉固定永久磁钢,使衔铁处于极靴和永久磁钢之间,受永磁力的作用偏于落下位置。由于永磁力的存在,衔铁只安装一块重锤片,后接点的压力由永磁力和重锤片共同作用产生。

认识偏极继电器

图 1-9 JPXC-1000 型偏极继电器

JPXC-1000 型偏极继电器是为了满足信号电路中鉴别电流极性的需要而设计的。它与无极继电器不同,衔铁的吸起与线圈中电流的极性有关,只有通过规定方向的电流时,衔铁才吸起,而电流方向与规定方向相反时,衔铁不动作。但它又不同于有极继电器,只有一种稳态,即衔铁靠电磁力吸起后,断电就落下,落下是稳定状态。

JPXC-1000 型偏极继电器如图 1-9 所示。

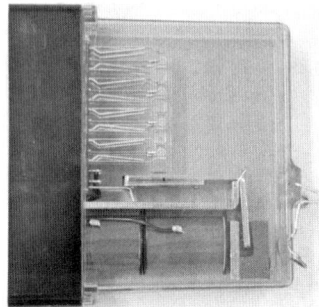

任务二 安全型继电器(JWXC)检修作业

一、作业目的

克服设备缺点,防止器材不良造成设备故障,确保 JWXC 型信号继电器运用质量符合技术标准。

二、作业安全注意事项及风险提示

(1)做好班前安全预想。
(2)检修前,注意检查测试台绝缘是否良好,防止触电伤人。

三、作业内容

(1)外部清扫与检查,检查封栓是否完整无缺、外罩有无破损,用毛刷、白布带清扫灰尘。
(2)检修前测试电气特性,并做好记录。
(3)内部检查与擦拭,检查与擦拭磁路各单元表面及接点系统单元。
(4)磁路与接点按部颁标准进行调整。
(5)检修中测试电气特性、时间特性,使用西安华信铁路技术有限公司的智能继电器测试台测试各项参数。
(6)恒温处理,确保调修质量。
(7)动作试验与微调,检查调修后的继电器质量。
(8)检修后再次测试,使用西安华信铁路技术有限公司的智能继电器测试台测试各项电气特性、时间特性参数,以提高安全性、可靠性。
(9)验收及加封,按《铁路信号维护规则》技术标准验收。

四、作业工具及材料

作业工具及材料清单见表 1-1。

作业工具及材料清单　　　　　　　　　　表 1-1

名称	规格、型号	单位	数量
调簧钳		把	1

名称	规格、型号	单位	数量
什锦锉		套	1
活口扳手		把	1
套筒扳手		把	1
测力计	0～0.5N、0～1N	个	3
小铁墩子		个	1
双头扳手		把	1
小手锤		把	1
启封螺丝刀		把	1
接点片调整器		套	1
接点爪调整器		套	1
托片调整器		套	1
量角器		个	1
塞规	0.1～7mm	套	1
电烙铁	30W、45W	把	2
镊子		个	1
直钢尺	150mm	把	1
放大镜		个	1
铁芯紧固扳手		把	1
白布带、白绸带		条	各1
金相砂纸、水砂纸		张	各1
酒精	500mL	瓶	1
毛刷		把	1
橡皮		块	1
十字、一字螺丝刀	200mm	把	各1
智能继电器测试台	XAJ-6＋	台	1

五、作业前准备

（1）准备检修用工具。

（2）准备检修用表。

（3）准备检修用料。

（4）准备好检修卡片。

六、作业流程及标准

作业流程及标准见表1-2。

作业流程及标准   表1-2

步骤	项目		内容、要求及标准
1	启封前清扫、检查		①启封前通过透明罩壳检查内部有无异物。 ②检查罩壳及底座有无破损、老化、变形。 ③检查封印是否完好。 ④将继电器外部清扫干净
2	检修前测试	释放值	①用智能继电器测试台刷继电器条形码,进行器材检修前测试,并储存测试数据。 ②释放值:将线圈接入正向电压或电流,逐渐升高电压或电流至充磁值,然后逐渐降低到全部接点断开时的最大电压或电流值。 ③电压或电流下降时速度不能太快,接近释放值时更要缓慢
		工作值	①工作值:将线圈电压或电流降至零,断开电路1s,然后正向闭合电路,从零逐渐升高电压或电流,直到衔铁止片与铁芯接触及全部接点闭合,并达到规定接点压力时的最小电压或电流值。 ②电压或电流升高时速度不能太快,特别是接近工作值时。完全吸起是指衔铁止片和铁芯极靴面完全接触
		反向工作值	①反向工作值:逐渐升高线圈正向电压或电流至充磁值,再下降到零,断开电路1s,改变电源极性,逐渐升高电压或电流,直到衔铁止片与铁芯接触及全部接点闭合,并达到规定接点压力时的最小电压或电流值。 ②电压或电流升高时速度不能太快,特别是接近反向工作值时
		缓放时间	缓放时间:向继电器线圈通以额定电压或电流,从继电器断电起至中接点和前接点断开所需的时间
		吸起时间	吸起时间:从向继电器线圈通以额定电压或电流开始至中接点和前接点闭合所需的时间
		线圈电阻	①5Ω以下(含5Ω)用电桥测试:误差≤±5%。 ②5Ω以上用1.0级欧姆表测试:误差≤±10%。 测试的电阻值可按下列公式换算为20℃时电阻值: $$R = R_t/[1 + a(t-20)]$$ 式中:R——线圈在20℃时的电阻值,Ω; R_t——测得的线圈电阻值,Ω; t——测试时的环境温度,℃; a——铜的电阻温度系数,为0.0041/℃

步骤	项目			内容、要求及标准
2	检修前测试	接点电阻		①用电流电压法,即通过0.5A接点电流,测接点压降。 ②普通接点电阻:银-银不大于0.03Ω,银-银氧化镉不大于0.05Ω。 ③加强接点电阻:银氧化镉-银氧化镉不大于0.10Ω
		绝缘电阻		①绝缘电阻:用500V绝缘电阻表测线圈对支架、铁芯、接点间电阻;接点之间,接点对支架、接点对铁芯之间的绝缘电阻均不应大于100MΩ。 ②对发现的主要问题进行记录,不符合质量标准的应在检修时解决
		电气特性、时间特性		①JWXC-1700:工作值≤16.8V,释放值≥3.4V,反向工作值≤18.4V。 ②JWXC-1000:工作值≤14.4V,释放值≥4.3V,反向工作值≤15.8V。 ③JWXC-2.3:工作值170~188mA,释放值≥实测工作值50%,反向工作值≤206mA。 ④JWXC-H600:工作值≤13V,释放值≥2.6V,反向工作值≤14.3V,缓放时间≥24V/0.32s。 ⑤JWXC-H340:工作值≤11.5V,释放值≥2.3V,反向工作值≤12.6V,缓放时间≥18V/0.45s、24V/0.5s,缓吸时间≤18V/0.35s、24V/0.3s。 ⑥JWXC-$\frac{500}{H300}$:工作值13.5V/13.5V,释放值2.7V/2.7V,反向工作值14.8V/14.8V,缓放时间≥24V/0.16s
3	继电器检修调试	启封、打开外罩		
		内部检查清洗	线圈系统	①线圈架完整、无破损。 ②线圈引线及焊片:引线无假焊、无断股、无老化,塑料套管(或防火套管)套设焊片及引线线头露出部分,套管必须套牢、不会松出,焊片无裂纹。 ③检查时同时清洗
			磁路系统	①钢丝卡应镀层完好、无裂纹、弹力充足,置于平台上时所有部分应与平台密贴,至少三点在一平面上。 ②钢丝卡应无影响衔铁正常活动的别劲现象。 ③铁芯应不松动、安装正直、镀层完好、极靴面平整、两孔眼无毛刺。 继电器的测试 ④检查时同时清洗。 ⑤铁芯的极靴间应无黏性的脏物残留。 ⑥轭铁应无裂纹、刀刃良好、镀层完好。 ⑦衔铁止片应无裂纹、无毛刺,和衔铁组装不活动;衔铁止片与铁芯接触面应大于衔铁止片的2/3。 ⑧衔铁应镀层完好、无扭曲变形,拉轴不弯、无过甚磨耗。 ⑨衔铁安装应保证动作灵活、不呆滞,与轭铁轴向游程小于0.2mm;衔铁止片与极靴面密贴;衔铁应全部盖住极靴

步骤	项目			内容、要求及标准
3	继电器检修调试	内部检查清洗	卸下底座，取下防尘垫	①接点插片间应无异物。 ②接点组及各部螺栓应紧固、不松动。 ③各单元及底座胶木应无裂纹、无破损。 ④调整插片、防尘垫及底座。 ⑤插片光洁、无污物。 ⑥清扫接点插片，插片应平直排列、间隔均匀，伸出底座应不小于8mm。 ⑦插片伸出底座不足8mm的原因可能是接点组安装不平行度大，造成插片前后错位，应松开接点组螺栓进行校正
			接点系统	①接点片及托片应无伤痕、硬弯，镀层完好。 ②接点触头应无裂纹、假焊、漏焊。 ③接点位置：前后接点应在动接点的中间，距边缘应大于1mm；前后接点伸出动接点应大于1.2mm。 ④接点拉杆、动接点轴及绝缘轴：拉杆应平直，垂直于衔铁，距衔铁槽口边缘大于0.5mm，无明显前倾后仰；动接点轴不弯曲，应能自由放进和取出；绝缘轴无破损，与拉杆垂直、无缝隙，与拉杆配合动作灵活。 ⑤底座螺栓应紧固，型别盖正确。 ⑥检查继电器整体动作：手推衔铁或通电检查时继电器应动作灵活、不呆滞。 ⑦取下和装上钢丝卡时，后接点压力无明显变化；装上钢丝卡时衔铁不应晃动。 ⑧用酒精和白绸带擦去接点各部的氧化物；接点片、托片应明亮、有光泽。 ⑨用金相砂纸擦去接点面烧损痕迹，接点面应平整、无氧化物及烧损痕迹
		磁路与接点系统调整		①接点片应平直，无弯背扭曲、根部无痕迹。 ②严禁根部调整。 ③接点压力：前接点不小于250mN，后接点不小于150mN，同类接点压力差≤30mN。 ④接点间隙：≥1.3mm。 ⑤托片间隙：≥0.35mm。 ⑥接点不齐度：≤0.2mm。 ⑦衔铁重锤片与下止片的间隙为0.3～1mm
		检修中测试		①测试释放值、工作值，应符合部颁标准。 ②当测试值不合格时，应查明原因并处理后再测(本项为检修者调试测试，不需记录)
		恒温处理		①将继电器放入恒温箱内进行恒温处理。 ②恒温箱温度设置为60℃。 ③恒温时间为24h

续上表

步骤	项目	内容、要求及标准
4	动作试验及微调	①对检修好的继电器进行动作试验。 ②经恒温处理与动作试验后的继电器,有可能出现紧固零件的局部松动、接点的微小变化,应进行微调。 ③紧固各部螺栓,并根据要求点防松磁漆。 ④微调接点组,以校正恒温处理、动作试验后的微小变形;若变形过大,应重新调整
5	自验、抽验	①检修后的测试:通过智能继电器测试台测试继电器各项机械特性、电气特性、时间特性参数,确认合格后将数据存储并上传至服务器。 ②检查是否使用阻燃外罩,若未使用进行更换。 ③将检修合格的继电器交付验收员验收。 ④工长对交验器材进行抽验
6	专职验收,加封入库	①通过智能继电器测试台,对交验的继电器机械特性、电气特性、时间特性进行检验,确认各项指标均合格后将数据存储并上传至服务器。 ②经检验不合格的继电器退回检修者重检,待不合格继电器处理后重新验收。 ③经检验合格的继电器,确认良好后上罩、加封入库。 ④底座螺栓应紧固,型别盖正确
7	设备定位出所	①系统管理员打印出所合格证。 ②设备复查并粘贴合格证,定位出所

项目二

色灯信号机维护实训

任务一　认识透镜式色灯信号机

透镜式色灯信号机结构简单,使用方便,便于维修。透镜式色灯信号机有高柱和矮型两种类型,高柱信号机的机构安装在钢筋混凝土信号机机柱上,矮型信号机的机构安装在信号机水泥基础上。

高柱信号机如图2-1所示。它由机柱、机构、托架、梯子等部分组成。机柱用于安装机构和梯子。机构的每个灯位配备有相应的透镜组和单独点亮的灯泡,以显示信号。托架用来将机构固定在机柱上,每一个机构需上、下托架各一个。信号维修人员使用梯子攀登及作业。矮型信号机如图2-2所示。它用螺栓固定在信号机水泥基础上,没有托架,更不需要梯子。高柱信号机和矮型信号机又各有单机构和双机构之分。单机构即一个机构,可构成单显示、二显示和三显示信号机。双机构可构成四显示、五显示信号机,图2-2即为矮型双机构五显示信号机。各种信号机根据需要还可以分别带引导信号机构、容许信号机构或进路表示器。

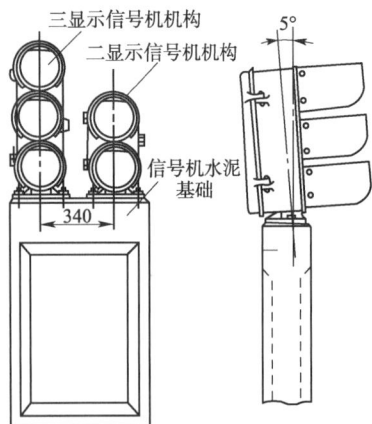

图2-1　高柱信号机组成

图2-2　矮型双机构五显示信号机(尺寸单位:mm)

透镜式色灯信号机机构的每个灯位由灯泡、灯座、透镜组、遮檐、背板等组成,如图2-3所示。灯泡是色灯信号机的光源,采用直丝双丝铁路信号灯泡。灯座用来安放灯泡,采用定焦盘式灯座,在调整好透镜组焦点后固定灯座,更换灯泡时无须再调整,如图2-4所示。透镜组装在镜架框上,由两块带棱的凸透镜组成,内透镜是有色带棱凸透镜(可显示红色、黄色、绿色、蓝色、月白色、无色),外透镜是无色带棱凸透镜。采用两块凸透镜组成光学系统,是为了利用光的折射和反射原理,将光源发出的光线集中射向所需要的方向,即增大该方向的光强。这样,就能满足信号显示距离远且具有很好的方向性的要求。信号机机构的颜色取决于有色凸透镜,可根据需要选用。

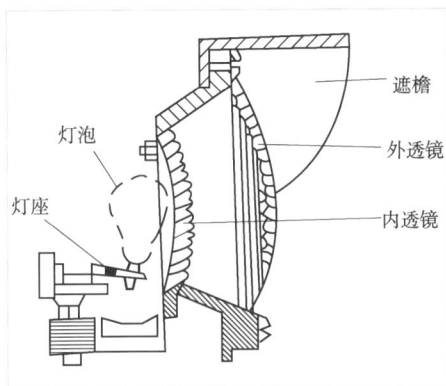

图 2-3 透镜式色灯信号机机构

图 2-4 透镜式色灯信号机机构内部

遮檐用来防止阳光等光线直射时使人产生错误的幻影显示。背板是黑色的,构成较暗的背景,可衬托信号机灯光的亮度,改善瞭望条件。只有高柱信号机才有背板。一般信号机采用圆形背板,各种复示信号机、遮断信号机及其引导信号机构、容许信号机构则采用方形背板,以示区别。遮檐和背板如图 2-5 所示。

a) 遮檐   b) 背板

图 2-5 遮檐和背板

任务二　认识 LED 信号机——以 XSL 型为例

一、概述

XSL 型 LED 信号机是以 LED 为光源的新型铁路信号机,配合 FDZ 型点灯装置,控制电路与既有点灯电路完全兼容,电压适应范围大,灯光亮度高,寿命长、免维护,特别适用于繁忙的运输干线以及大型铁路枢纽、长大区间、桥梁隧道等维护工作量大的线路。

二、工作环境

(1)温度: −40～70℃。
(2)相对湿度:不大于95%(25℃)。
(3)大气压力:不低于54kPa(海拔不超过5000m)。
(4)振动频率:10～2000Hz,加速度幅值10m/s²。
(5)周围无引起爆炸的有害气体。

三、结构组成

XSL 型 LED 信号机组件包括 XSL 型信号机机构、XL 型发光盘、FDZ 型点灯装置(也称点灯单元)、TDDS 型灯丝故障报警系统。

XSL 型 LED 信号机总体结构见图 2-6。

1. XSL 型信号机机构

XSL 型信号机机构有高柱和矮型两种,如图 2-7 所示。LED 信号机采用发光盘和透镜一体化结构,无须调整对焦,即可保证光线聚焦良好。

2. XL 型发光盘

光源为整体透镜组:由电源、高亮发光二极管矩阵、光学透镜、钢化玻璃前置镜、固定框架等组成。发光盘(图 2-8)是信号机的发光主体,由高亮发光二极管矩阵组成,电路采用串并联形式。发光盘的最大优点是不需要像老式信号灯泡一样进行调焦。

发光盘额定电压:DC12V,额定电流:DC700mA。

3. FDZ 型点灯装置

FDZ 型点灯装置是为配合 LED 发光盘使用而研发的,输出稳定的 12V 直流电压,现场不需要调整。FDZ 型点灯装置如图 2-9 所示。

LED信号机结构

学习笔记

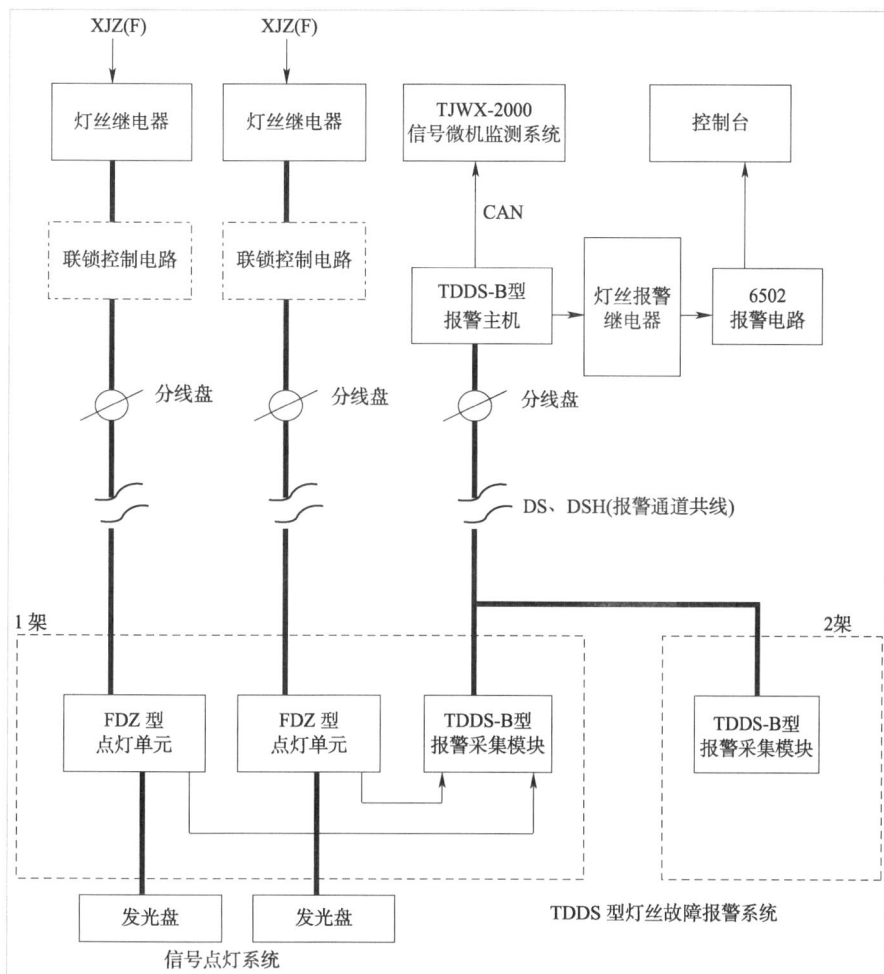

图 2-6 XSL 型 LED 信号机总体结构示意图

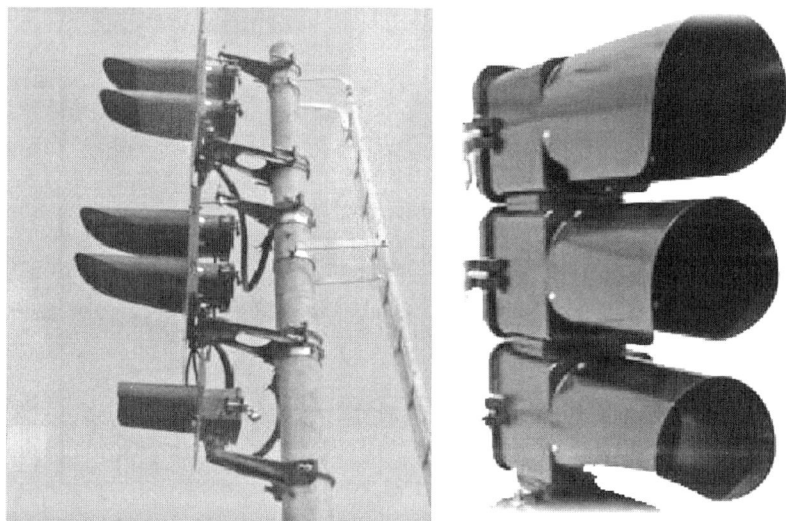

图 2-7 XSL 型信号机机构

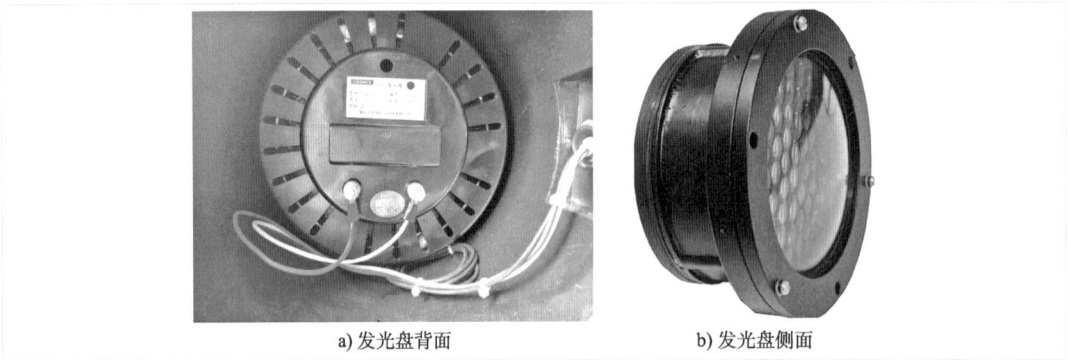

a) 发光盘背面　　　　　　　　　　b) 发光盘侧面

图 2-8　XL 型发光盘

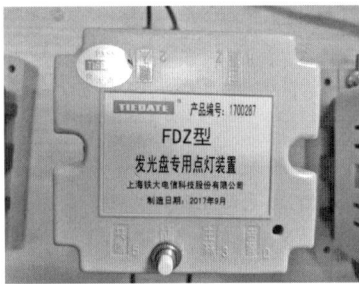

图 2-9　FDZ 型点灯装置

4. TDDS 型灯丝故障报警系统

TDDS 型灯丝故障报警系统主要由室内的报警主机和室外的报警采集模块(报警分机)组成,两者由共享的灯丝报警通道连接,室内的报警主机如图 2-10 所示。报警采集模块从点灯单元中采集灯丝报警数据,通过通道传送到报警主机,报警采集模块同时由报警主机通过通道供电。报警主机收集所辖信号机的报警信息,并显示、存储、管理,控制灯丝报警继电器工作,控制台显示报警状态。报警信息同时由报警主机通过 CAN 总线,传送到信号微机监测系统。TDDS 型灯丝故障报警定位装置总体框架如图 2-11 所示。

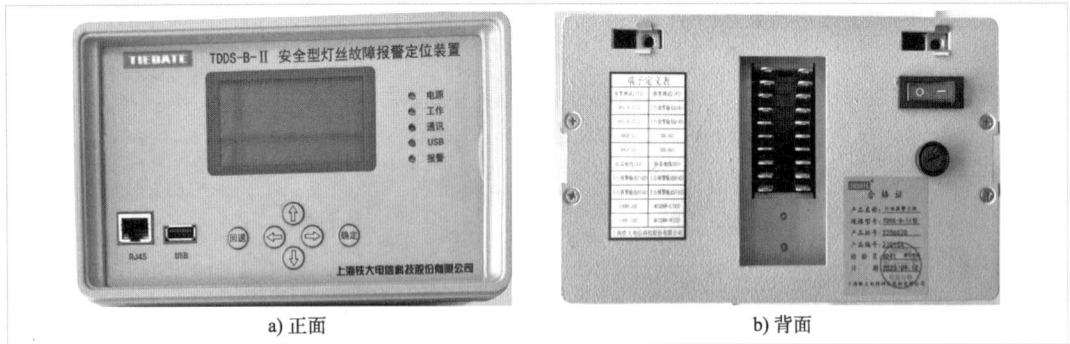

a) 正面　　　　　　　　　　　　b) 背面

图 2-10　TDDS 型灯丝故障报警系统室内报警主机

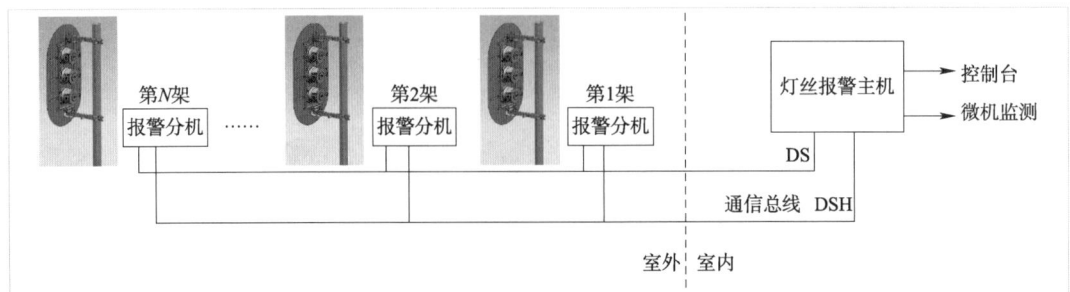

图 2-11　TDDS 型灯丝故障报警定位装置总体框架

任务三 透镜式色灯信号机检修作业

一、作业目的

通过对色灯信号机进行检查,掌握设备运用状态,发现设备存在的问题,为后续开展设备检修与设备整治提供依据。

二、作业安全注意事项及风险提示

1. 注意事项

(1)与驻站联络员、现场防护员互试联络工具,确保联络工具良好。

(2)穿好工作服、绝缘鞋、防护服(夜间作业必须穿反光防护服),涉及高压的作业必须使用高压绝缘手套、绝缘胶鞋、绝缘垫,冬季室外作业所戴防寒帽应有耳孔。

(3)作业途中应走路肩,在道床上行走或作业时,应不断前后瞭望。

(4)在电气化区段,身体及所持工具须与牵引供电设备高压带电部分保持2m以上的距离,与回流线、架空地线、保护线保持1m以上的距离。

2. 风险提示

(1)防止车辆伤害。

(2)防止分路不良,管理失控。

(3)电气化区段防止触电伤害。

(4)防止高处坠落。

(5)防止物体打击。

(6)防止检修不到位造成设备隐患。

(7)防止室内外失联造成灭灯或灯光转移,影响列车运行。

三、作业内容

(1)检查机构、机柱、梯子外观是否良好,有无锈蚀、裂纹,基础是否稳固,机构加锁是否良好,有无外界损伤,蛇管有无脱落。

(2)检查箱盒加锁是否良好,有无损伤、漏水。

(3)检查机构各部螺栓是否紧固,开口销开口是否符合标准。

(4)检查基础面是否完整、清洁。

(5)检查信号显示是否良好。

（6）机构内部检查及测试。

（7）开展灯泡主副丝转换及报警功能试验,如果灯泡切换至副丝,及时更换灯泡。

（8）检查机构内配线是否整齐完好,有无破皮,各部端子是否紧固,弹垫及双螺母是否作用良好。

（9）测量变压器输入、输出电压和主副丝点灯端电压。

（10）检查机构内部防尘、防水是否良好。

（11）检查电缆箱盒。

（12）检查基础是否完整、不倾斜,印字是否清晰,有无外界干扰。

（13）检查箱内盘根是否作用良好,箱内是否整洁、无异物。

（14）检查箱内变压器、电阻、继电器等是否固定良好,有无过热现象,继电器是否超过使用寿命。

四、作业工具及材料

作业工具及材料清单见表2-1。

作业工具及材料清单

表2-1

名称	规格	单位	数量
榔头	1.5kg	把	1
克丝钳		把	1
清扫钳		把	1
斜口钳		把	1
活口扳手	150mm、250mm、300mm	把	各1
呆扳手	14mm/17mm、17mm/19mm	把	各1
套筒扳手	5mm、6mm	把	各1
一字螺丝刀	150mm、300mm	把	各1
十字螺丝刀	150mm、300mm	把	各1
尖嘴钳		把	1
开箱钥匙		把	1
钢卷尺	3m	把	1
内六角扳手	5mm、6mm	把	各1
专用套筒扳手	5mm	把	1
机油		mL	按需
棉纱		g	按需
毛刷		把	按需

作业所需工具如图2-12所示。

色灯信号机检修

学习笔记

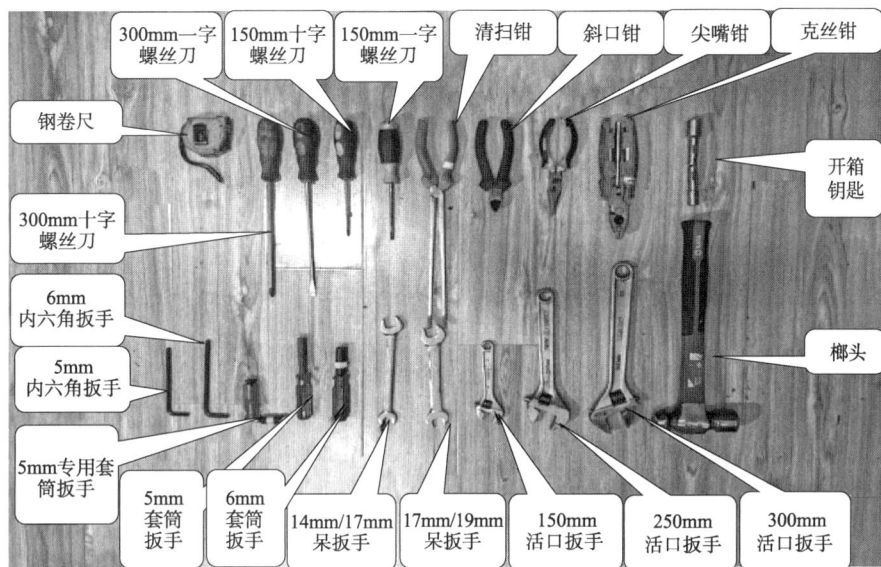

图 2-12 作业所需工具

五、作业前准备

1. 预测预判

通过微机监测、添乘检查,对被检信号机进行调阅分析,查看点灯电流 DJ 曲线、综合绝缘测试记录、信号显示距离等,针对可能存在的问题,提出检修要求。

2. 作业安排

明确检修作业负责人、室内外防护员、作业人员、作业时间、作业地点、检修分工、巡检要求和安全预想。

3. 工器具及材料准备

按照作业项目准备工具及仪表、信号灯泡、机油、棉纱、各种规格开口销、接点、擦拭白布、不同规格的螺栓若干等。

4. 着装准备

穿戴好防护服、绝缘鞋(高柱信号机检修作业戴好安全帽、系好安全带)。

六、登记联系

(1)驻站联络员携带作业调度命令、作业派工单提前 40min(高铁提前 60min)到车站信号楼,经车站值班员签字确认,双调度命令下达后开始工作;在值台联系过程中必须认真执行驻站联络员作业标准,密切监视列车运行情况,及时通知现场防护员,并填写驻站防护控制表。

(2)驻站联络员必须按照《铁路技术管理规程》(简称《技规》)、《铁路行车组织规则》(简称《行规》)、《铁路信号维护规则》(简称《维规》)有关要求和电务部门作业在《行车设备检查登记簿》(简称运统-46)上登记、销记用语样板,在《行车设备施工登记簿》[简称运统-46(施工)]内登记。

七、作业流程及标准

1. 一看

(1)检查信号机机构有无裂纹、破损,机构外观油饰是否良好,加锁防盗装置是否良好,蛇管有无破损、脱落,如图2-13所示。

图2-13 信号机机构、蛇管检查

(2)检查机柱有无贯通圆周的裂纹,裂纹超过半周的应采取加固措施。有纵向裂纹时,钢筋不得外露。机柱顶端须封闭,不可进雨雪。任何部位不得侵入限界。高柱信号机机柱的倾斜限度不超过36mm,如图2-14所示。

图2-14 高柱信号机检查

（3）检查信号机透镜组是否安装牢固,透镜有无裂纹、破损,外观表面是否清洁,铭牌是否安装或粘贴牢固,清晰、正确、无污垢,如图2-15所示。

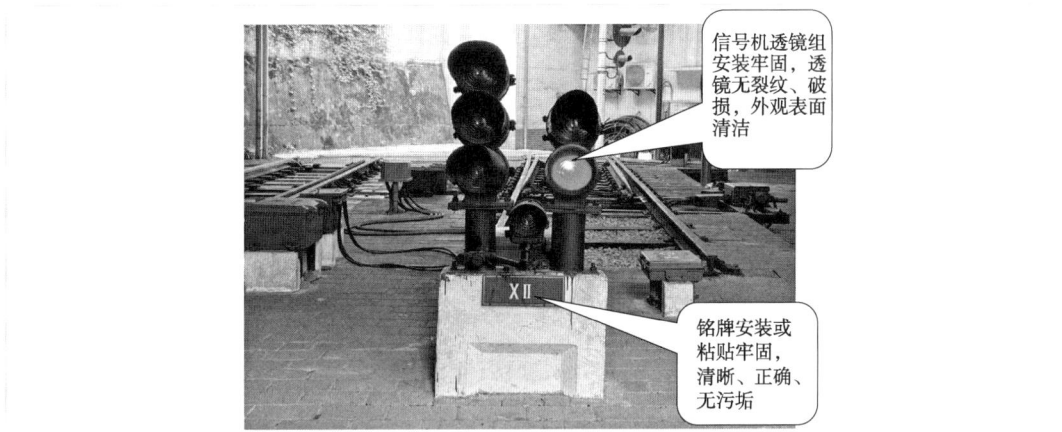

信号机透镜组安装牢固,透镜无裂纹、破损,外观表面清洁

铭牌安装或粘贴牢固,清晰、正确、无污垢

图2-15　信号机透镜组、铭牌检查

（4）检查高柱信号机梯子和地线螺栓是否紧固、无锈蚀。梯子中心线与机柱中心线应平行,梯子无过甚弯曲,支架应水平安装,如图2-16所示。

高柱信号机梯子和地线螺栓紧固、无锈蚀

梯子中心线与机柱中心线应平行,梯子无过甚弯曲

支架应水平安装

图2-16　高柱信号机机柱、梯子检查

（5）检查信号显示是否良好,设备有无外界干扰。各灯显示方向应一致,两个同色灯光的颜色应一致,如图2-17所示。

（6）检查各部螺栓是否齐全、紧固、注油良好,开口销是否齐全,防松装置是否良好,如图2-18所示。

2.二检

（1）机构及箱盒内部清扫,配线整齐、不老化,线头无老化、损伤。

信号显示良好,设备无外界干扰

图2-17　信号显示检查

27

（2）变压器等固定良好，螺母垫片齐全紧固、线头无松动，防松标记齐全，如图 2-19 所示。

各部螺栓齐全、紧固、注油良好，开口销齐全，防松装置良好

图 2-18　螺栓、开口销、防松装置检查

图 2-19　变压器紧固

（3）配线端子编号、铭牌标记齐全、正确、清晰，如图 2-20 所示。

（4）配线图纸、电缆去向铭牌正确，如图 2-20 所示。

（5）逐个灯位进行主副丝转换试验，灯座及开关安装牢固，螺栓不松动，接触簧片压力适当，灯泡固定良好，灯丝不变形，主副丝转换报警良好，点灯装置完好，接线端子紧固，如图 2-21 所示。

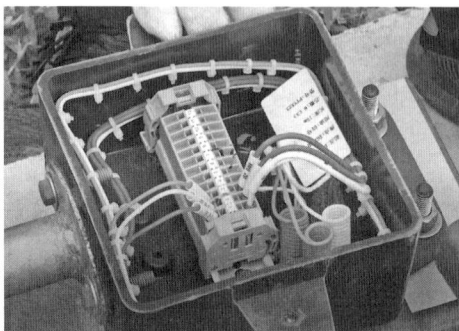

图 2-20　电缆箱盒配线

按压断丝按钮进行断丝报警试验

图 2-21　主副丝转换试验

（6）透镜清扫，内色玻璃固定良好、清洁无破裂，电缆引入孔绝缘胶不龟裂、无废孔，灯室及箱内油漆完好、整洁。

透镜式色灯信号机电气特性参数测试

（7）硬面化、基础发现不良应整修、扶正、稳固。

（8）测量建筑限界。

（9）检查箱盒、机构书写符号。

3. 三测试

（1）信号机点灯电压测试。

①点灯单元一、二次侧电压测试。

以 DZD 系列为例测试点灯单元一、二次侧电压，如图 2-22 所示。

②主副丝灯端电压测试。

对于色灯信号机灯泡的端子电压，列车信号为灯泡额定电压值（AC12V）的 85% ~ 95%

（10.2～11.4V），调车信号为75%～95%（9.0～11.4V），容许信号为65%～85%（7.8～10.2V），主副丝灯端电压差值不应大于1.1V。灯端电压不宜调整过高，以免影响灯泡寿命。主丝灯端电压测试如图2-23所示。

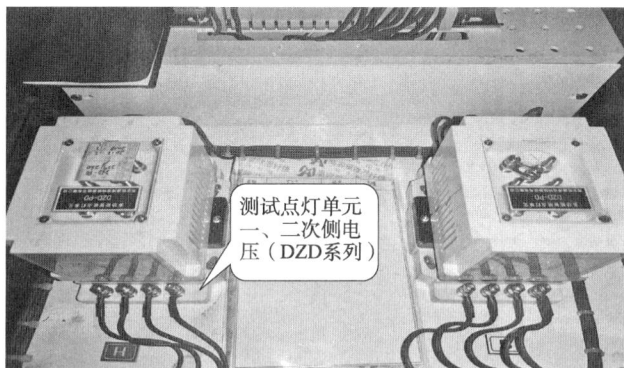

图2-22 点灯单元一、二次侧电压测试

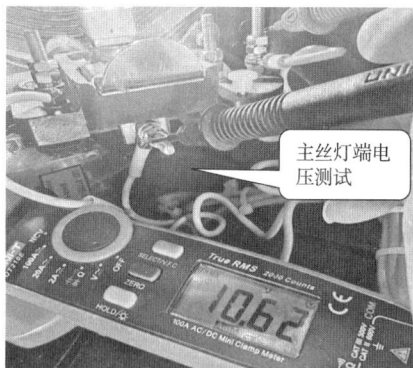

图2-23 主丝灯端电压测试

（2）灯丝继电器电流测试。

①JZXC-H18型灯丝继电器电流测试。

测试JZXC-H18型灯丝继电器后53、63号端子电流，测试值不小于100mA，如图2-24所示。

②JZXC-16/16型灯丝继电器电流测试。

测试JZXC-16/16型灯丝继电器后2号端子电流，测试值不小于140mA，如图2-25所示。

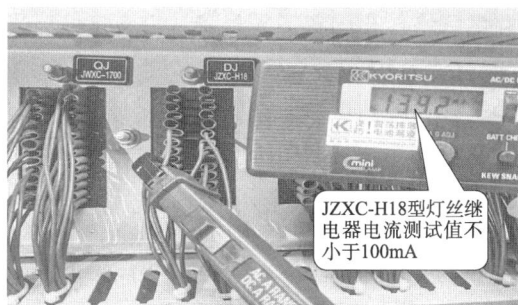

图2-24 JZXC-H18型灯丝继电器电流测试

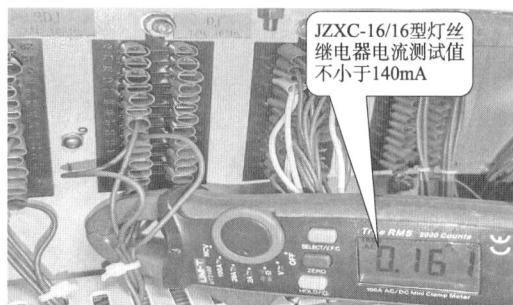

图2-25 JZXC-16/16型灯丝继电器电流测试

（3）灯丝继电器交、直流电压测试。

①灯丝继电器交流电压测试。

JZXC-H18型：使用万用表交流挡，两表笔分别与信号组合的DJ插座后的53、63号端子接触，测得数值范围为交流3.6～4.2V，如图2-26所示。

JZXC-16/16型：使用万用表交流挡，两表笔分别与信号组合的DJ插座后的1、4线圈接触。

②灯丝继电器直流电压测试。

JZXC-H18型：使用万用表直流挡，两表笔分别与信号组合的DJ插座后的2-、3+端子接触,测得数值范围为直流 1.8 ~ 2.1V,如图 2-27 所示。

JZXC-16/16 型:使用万用表直流挡,两表笔分别与信号组合的 DJ 插座后的 1、4 线圈接触。

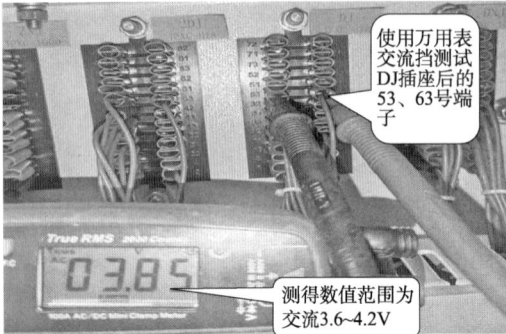

图 2-26　JZXC-H18 型灯丝继电器交流电压测试　　图 2-27　JZXC-H18 型灯丝继电器直流电压测试

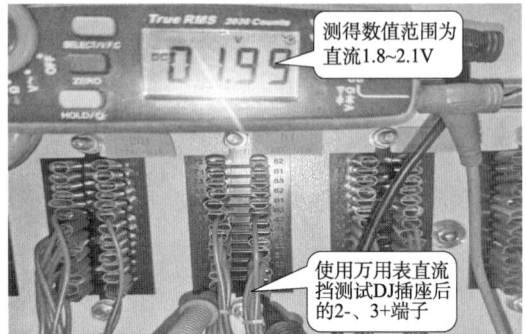

4.四复查

(1)与室内联络员核对开放信号试验。

(2)合上箱盒盖,并加锁,活动部分适当注油。

(3)清点工具、材料,清理周围杂物等,做到现场工完料清。

八、销记

(1)检修完毕,作业人员检查,确认无工具及材料遗漏、设备运用正常、控制台无异常后申请销记。

(2)作业人员向驻站联络员汇报作业完毕,驻站联络员会同车务人员确认设备良好后通知作业人员撤离。

(3)驻站联络员确认作业人员撤离至安全区域后,办理销记。

九、小结

作业完毕,作业负责人组织召开班后总结会,作业人员汇报任务完成情况和设备质量情况,将检修发现的未能解决的问题纳入问题库记录下来,及时进行整治,做到闭环管理。

项目三

轨道电路维护实训

任务一 认识 JZXC-480 型轨道电路

一、JZXC-480 型轨道电路概述

工频交流连续式轨道电路采用工频 50Hz 交流电源,以 JZXC-480 型继电器为轨道继电器,故又称为 JZXC-480 型轨道电路,俗称"480 型轨道电路"。这种轨道电路实质上是交直流轨道电路,电源是交流电,钢轨中传输的是交流电,而轨道继电器是整流式继电器。与交流轨道电路相比,它无须调整相位角。

JZXC-480 型轨道电路结构简单,是目前我国铁路站内轨道电路运用最为广泛的制式。但是该轨道电路存在许多缺点,如道床电阻变化适应范围小,极限传输长度短,分路灵敏度低,防雷性能差,形成雨天"红光带"和分路不良等,影响行车。所以,必须逐渐用相敏轨道电路等制式代替。

二、JZXC-480 型轨道电路的组成和基本工作原理

JZXC-480 型轨道电路是非电气化区段使用的一种非电码化安全型交流连续式轨道电路。这种轨道电路构成简单,电路采用干线供电方式,电流由信号楼引出一对或两对电缆向各轨道区段送电端轨道变压器 BG1-50 供电,电流由受电端 1:20 的 BZ4 升压变压器升压后送到室内 JZXC-480 型继电器,如图 3-1 所示。JZXC-480 型轨道电路一送一受时只有送电端串有可调电阻,一送多受时各受电端都加一只电阻,送受电端电阻均为 2.2Ω/220W 型。

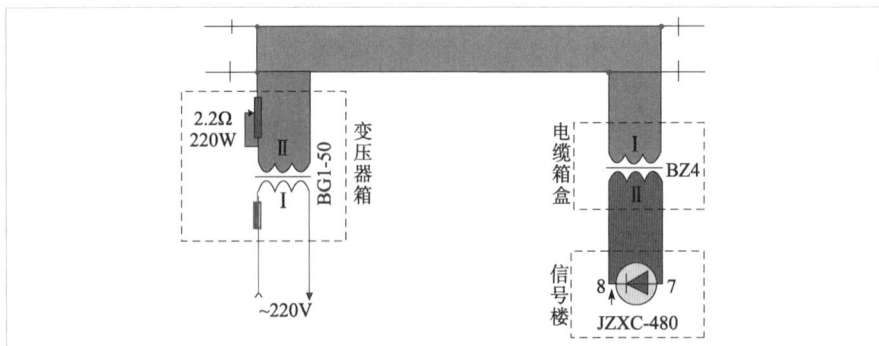

图 3-1　JZXC-480 型轨道电路示意图

三、JZXC-480 型轨道电路各部件及其作用

1. 轨道变压器

BG 型轨道变压器主要用于轨道电路供电,其一次侧电压为 220V,二次

侧依据所连接的端子不同,可以获得各种不同的电压值(0.45 ~ 10.8V)。目前使用的类型有 BG1-300 型、BG2-300 型和 BG1-50 型,并以 BG1-50 型居多,如图 3-2 所示。

2. 中继变压器

中继变压器用于轨道电路受电端,如 BZ4 型,如图 3-3 所示。BZ4 与 JZXC-480 型轨道继电器配合使用,可使钢轨阻抗与轨道变压器相匹配。

图 3-2 轨道变压器

3. 变阻器

当轨道电路被车辆轮对分路后,变阻器用于承载送电端电流,保护设备不损坏。轨道电路用变阻器为 R-2.2/220 型,阻值为 2.2Ω,功率为 220W,容许电流为 10A,容许温度为 105℃,如图 3-4 所示。

图 3-3 中继变压器

图 3-4 变阻器

4. 钢轨绝缘

钢轨绝缘安装在各轨道电路分界处,主要用于保证相邻轨道电路之间可靠的电气绝缘,使相邻轨道电路互不影响,如图3-5所示。同时在轨道电路区段,其轨距杆、道岔连接杆、道岔连接垫板、尖端杆、转辙机的安装装置以及其他有导电性能的连接两钢轨的配件,均应保持绝缘良好。

图3-5 钢轨绝缘

5. 钢轨引接线

钢轨引接线用于轨道电路送受电端变压器箱或电缆箱盒与钢轨的连接,一般用涂有防腐油的多股钢丝绳制成,如图3-6所示。

6. 钢轨接续线

钢轨接续线用于轨道电路接缝处连接,以减小接触电阻,有塞钉式(现场广泛使用,见图3-7)和焊接式。

图3-6 钢轨引接线

图3-7 塞钉式钢轨接续线

7. 道岔跳线

道岔跳线是连接道岔岔心等处的导线。

任务二 JZXC-480 型轨道电路检修作业

一、作业目的

发现并克服设备缺点及隐患,防止巡检不良造成设备故障,确保运用质量符合技术标准。

二、作业安全注意事项及风险提示

1. 注意事项

(1)到达作业现场后,必须与室内联系,向电务值台人员说明作业地点、设备编号及作业人员姓名。

(2)作业现场必须按规定设防护人员。

(3)严格执行"七严禁"制度:①严禁甩开联锁条件,借用电源动作设备。②严禁采用封连线或其他手段封连各种信号设备电气接点。③严禁在轨道电路上拉临时线沟通电路造成死区间或盲目提高轨道电路送电端电压。④严禁色灯信号机灭灯时,用其他光源代替。⑤严禁甩开联锁条件,人为沟通道岔假表示。⑥严禁未登记要点使用手摇把转换道岔。⑦严禁代替行车人员按压按钮、转换道岔、检查进路、办理闭塞和开放信号。

(4)室内电务值台人员应及时通知室外防护人员列车运行情况,现场必须按规定提前下道,执行双线避车制。

(5)联系试验要彻底,执行复诵制度。

(6)测试时要正确使用仪表。

(7)作业时注意来往车辆,保证人身安全,工具、材料不要侵限。

2. 风险提示

(1)防止分路不良,管理失控。

(2)防止各类绝缘失效。

(3)防止轨道电路轨旁设备固定不良。

(4)防止各类引接线固定不良。

(5)防止牵引回流不畅,烧毁设备。

(6)防止人身伤害。

(7)电气化区段防止触电伤害。

(8)防止现场遗留材料、工具等。

三、作业内容

(1)检查送受电端电源线、钢轨接续线、道岔跳线是否完好,绝缘外观是否良好,轨缝是否标准。检查轨距杆、道岔连接杆及安装装置是否绝缘。

(2)检查外界对设备有无干扰,发现问题及时处理。检查箱盒有无破损、漏水,加锁装置是否良好,各部螺栓是否紧固。

(3)检查送受电端箱盒内变压器、变阻器、防雷元件是否安装良好。

(4)检查箱盒内各部螺栓是否紧固、无松动,弹簧垫圈是否作用良好。

(5)检查送受电端箱盒防尘、防水是否良好。

四、作业工具及材料

作业工具及材料清单见表3-1。

作业工具及材料清单   表3-1

名称	规格	单位	数量
对讲机		部	1
锤子	0.75kg	把	1
活口扳手	250mm、300mm	把	各1
克丝钳	200mm	把	1
尖嘴钳		把	1
斜口钳		把	1
钢卷尺		把	1
套筒扳手	4mm、5mm、6mm	把	各1
一字螺丝刀	75mm、150mm	把	各1
十字螺丝刀	75mm、150mm	把	各1
毛刷		把	1
军用铁锹		把	1
冲子		把	1
万可端子专用螺丝刀		把	1
铁丝	直径1.6mm	m	适中
机油		mL	适量
其他常用材料 (钢丝绳、开口销、螺母等)			若干

五、作业前准备

1. 预测预判

通过信号集中监测,对当日作业区域轨道电路曲线进行调阅分析,如图 3-8 所示,针对可能存在的问题,提出检修要求。

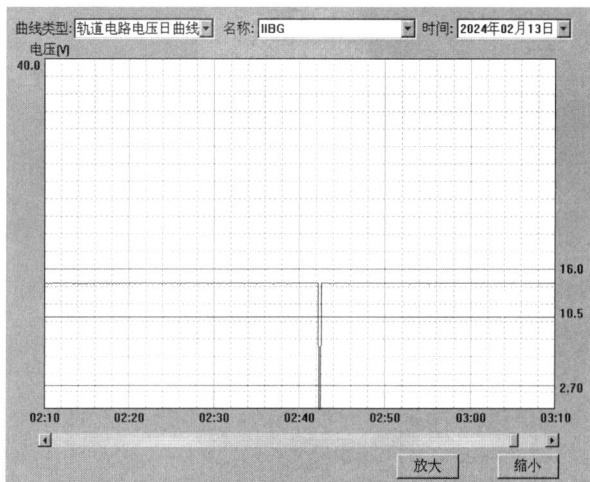

图 3-8 轨道电路曲线

2. 作业安排

明确检修作业负责人、室内外防护员、作业人员、作业时间、作业地点、检修分工、巡检要求和安全预想。

3. 工器具及材料准备

按照作业项目及材料清单准备好工具、仪表及材料,准备开箱钥匙、防护用具、备品备件(各种规格连接线、绝缘、不同规格的螺栓若干)。

4. 着装准备

穿戴好防护服、绝缘鞋。

六、登记联系

(1)驻站联络员携带作业调度命令、作业派工单提前 40min(高铁提前 60min)到车站信号楼,经车站值班员签字确认,双调度命令下达后开始工作;在值台联系过程中必须认真执行驻站联络员作业标准,密切监视列车运行情况,及时通知现场防护员,并填写驻站防护控制表。

(2)驻站联络员必须按照《技规》《行规》《维规》有关要求和电务部门作业在运统-46 上登记、销记用语样板,在运统-46(施工)内登记。

七、作业流程及标准

1. 一看

看四项内容:一看箱盒,要求无裂纹、不超限,加锁良好;二看硬面化,要求无破损、无杂草、无异物,基础不倾斜,设备铭牌清晰;三看各类引接线,要求连接良好、无锈蚀;四看绝缘,要求无破损、无侧磨、无肥边。

2. 二紧

紧固箱盒内部各部螺栓和外部各类连接线、引接线、导接线。

3. 三测试

(1)电源电压,送电变压器一、二次侧电压,受电变压器一、二次侧电压,限流器电压,送受电端轨面电压测试,如图3-9所示。

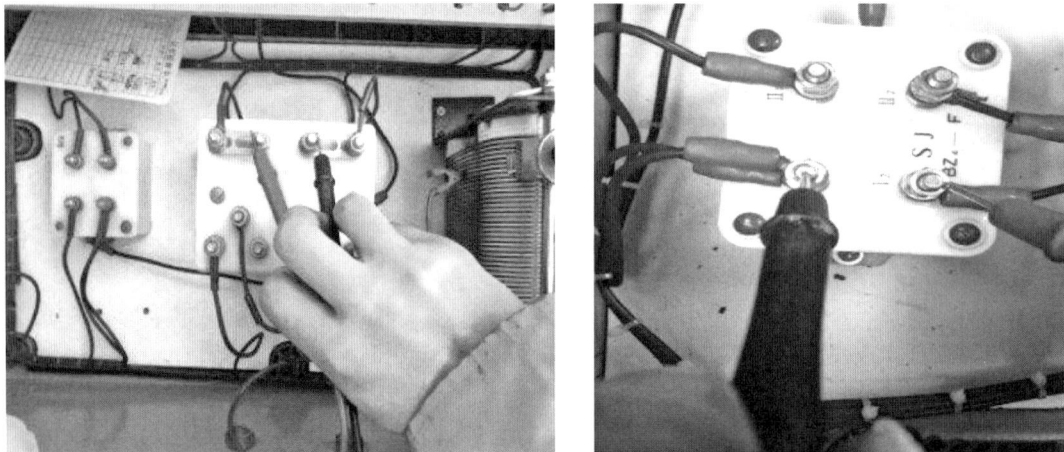

图3-9　电压测试

图3-10　轨道电路绝缘检查

(2)分路残压、极性交叉检查,轨道电路绝缘检查测试,如图3-10所示。

(3)继电器交、直流端电压测试。

4. 四检修(由内到外或由外到内)

(1)箱盒内各部螺栓、器材检查、测试,发现不良应调整、更换;箱盒内部清扫。

(2)箱盒引接线固定良好,无混电可能;引接螺栓不松动,绝缘管垫完好。

(3)轨端绝缘、地锚拉杆、轨距杆等绝缘检查、测试,发现不良应更换。

(4)检查工电结合部轨端有无肥边、侧磨。

(5)一送多受区段,各受电端轨道继电器的交流输入电压差不大于0.3V。

（6）各活动部位、基础螺栓、连接线、引接线注油。

（7）填写测试记录。

5.五复查

（1）检修作业完毕,对各部进行全面复查(可边做边查)。

（2）填写检修卡。

（3）合上箱盒盖,并加锁,活动部分适当注油。

（4）盖好防护罩,加好防掀装置。

（5）对检修发现的结合部问题,联系工务整治。

八、销记

（1）检修完毕,作业人员检查,确认无工具及材料遗漏、设备运用正常、控制台无异常后申请销记。

（2）作业人员向驻站联络员汇报作业完毕,驻站联络员会同车务人员确认设备良好后通知作业人员撤离。

（3）驻站联络员确认作业人员撤离至安全区域后,办理销记。

九、小结

（1）发现一时不能克服的设备缺点,记录在设备缺点待修记录本上,并向工长汇报。

（2）对结合部问题,及时向有关部门填发工作联系单。

任务三 认识 25Hz 相敏轨道电路

25Hz 相敏轨道电路的特点是送电端采用铁磁变频器,将 50Hz 交流电变频为 25Hz 交流电,有良好的传输特性。25Hz 相敏轨道电路采用集中调相方式,供使用的局部电源电压相位恒超前轨道电源电压 90°,无须对每段轨道电路进行个别调相,受电端采用二元二位轨道继电器,其局部线圈和轨道线圈分别由独立的局部和轨道分频器供电,具有良好的频率选择性和相位选择性,因而抗干扰能力强,有可靠的绝缘破损防护。

一、25Hz 相敏轨道电路的原理

室内将轨道电源屏送出的 25Hz/GJZ220、GJF220 送至轨道电路送电端,经轨道变压器降压(5V 左右)后,再经限流电阻降压送至扼流变压器,再经 3∶1 变压后送至钢轨上,经钢轨传输到受电端扼流变压器,经 1∶3 变压后,送给受电端轨道变压器,经升压后送回室内 JRJC-70/240 继电器 3-4 线圈。室内常供局部电源 110V 送至 JRJC-70/240 继电器 1、2 线圈。当轨道电压值(15V)满足继电器吸起值,并且轨道电压与局部电压相位差满足要求(90°)后,二元二位继电器吸起,如图 3-11 所示。

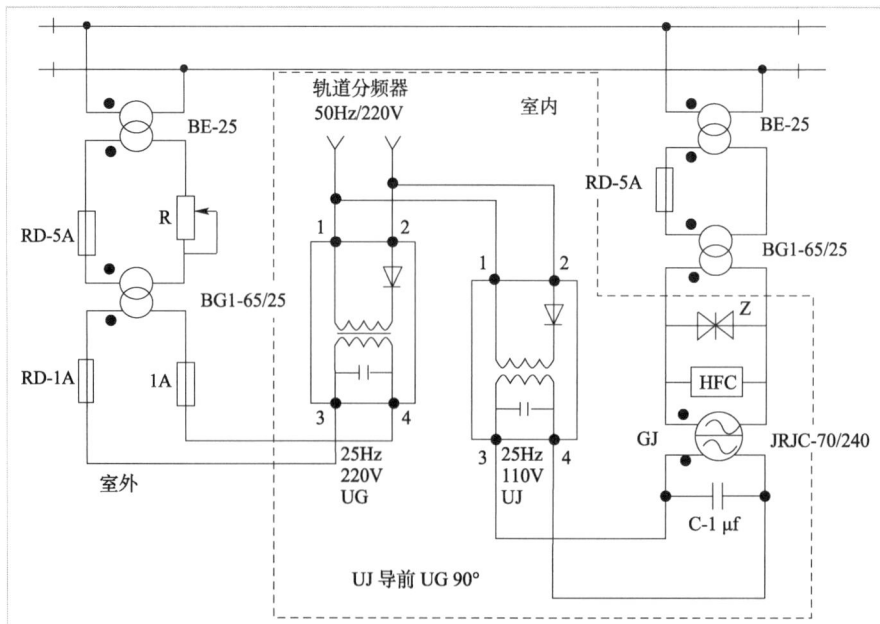

图 3-11 25Hz 相敏轨道电路原理图

JRJC 二元二位继电器局部线圈耗电 8.8V·A,设计并联电容 C 来补偿其无功电流,使并联后的总电流达到最小值,从而减小继电器局部线圈消耗功率。实践证明,每个局部线圈并联 1μf 效果最佳,可使每个线圈消耗的功率从 8.8V·A 降为 5.5~7V·A,也改善了局部变频器的工作条件。

二、25Hz 相敏轨道电路的构成

1. 室外设备

(1)变压器箱、扼流变压器箱、中心连接板、抗流线,如图 3-12 所示。

(2)XB 箱,其组成如图 3-13 所示。

图 3-12 变压器箱、扼流变压器箱、中心连接板、抗流线

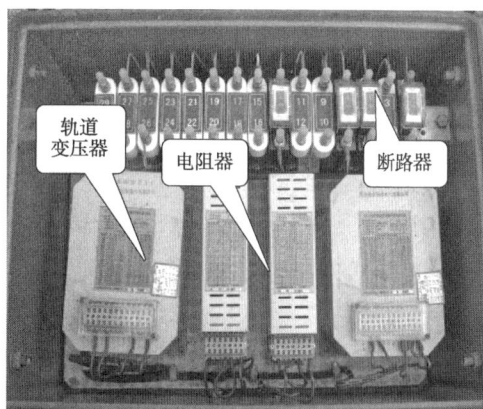

图 3-13 XB 箱组成

(3)扼流变压器,如图 3-14 所示。

(4)轨端接续线,如图 3-15 所示。

图 3-14 扼流变压器

图 3-15 轨端接续线

(5)轨端绝缘,如图 3-16 所示。

(6)道岔跳线,如图 3-17、图 3-18 所示。

(7)轨道电路绝缘,如图 3-19、图 3-20 所示。

图 3-16　轨端绝缘

图 3-17　道岔跳线 1

图 3-18　道岔跳线 2

图 3-19　胶注绝缘

2. 室内设备

25Hz 相敏轨道电路室内设备组成如图 3-21 所示,主要设备包括:25 周电源屏(采用智能屏的车站无此屏);二元二位继电器 GJ,如图 3-22 所示;防护盒 HF,如图 3-23 所示;防雷补偿器 FB-1、FB-2,如图 3-24 所示。

图 3-20　道岔安装装置绝缘

图 3-21　室内组合架

图 3-22　二元二位继电器

图 3-23　防护盒

图 3-24　防雷补偿器

任务四　25Hz 相敏轨道电路检修作业

一、作业目的

通过对 25Hz 相敏轨道电路的检修、测试,掌握设备运用状态,发现设备存在的问题,为后续开展设备检修与设备整治提供依据。

二、作业安全注意事项及风险提示

1. 注意事项

(1)与驻站联络员、现场防护员互试联络工具,确保联络工具良好。

(2)穿好工作服、绝缘鞋、防护服(夜间作业必须穿反光防护服),高压作业必须使用高压绝缘手套、绝缘胶鞋、绝缘垫,冬季室外作业所戴防寒帽应有耳孔。

(3)作业途中应走路肩,在道床上行走或作业时,应不断前后瞭望。

(4)在电气化区段,身体及所持工具须与牵引供电设备高压带电部分保持 2m 以上的距离,与回流线、架空地线、保护线保持 1m 以上的距离。

2. 风险提示

(1)防止分路不良,管理失控。

(2)防止各类绝缘失效。

(3)防止轨道电路轨旁设备固定不良。

(4)防止各类引接线固定不良。

(5)防止牵引回流不畅,烧毁设备。

(6)防止人身伤害。

(7)电气化区段防止触电伤害。

(8)防止现场遗留材料、工具等。

三、作业内容

(1)外界全面检查。

(2)检查送受电端箱盒及引入线。

(3)检查轨道绝缘。

(4)检查各种连接线。

(5)测试。

四、作业工具及材料

作业工具及材料清单见表3-2,工具及材料如图3-25所示。

作业工具及材料清单　　　　　　　　　　　　　　表3-2

名称	规格、型号	单位	数量
手锤	3kg	把	1
活口扳手	150mm、300mm	把	各1
呆扳手	14mm/17mm、17mm/19mm	把	各1
十字螺丝刀	300mm	把	3
一字螺丝刀	300mm	把	3
克丝钳	6寸	把	1
尖嘴钳	6寸	把	1
斜口钳	5寸	把	1
套筒扳手	5mm、6mm	把	各1
钢卷尺	3m	把	1
冲子	13.5mm	把	1
万可螺丝刀	100mm	把	1
开箱钥匙	13mm/17mm	把	1
分路残压测试仪	DF-2451	台	1
移频在线综合测试仪 (移频表或移频仪)	ME2000	台	1
数字万用表	FLUKE	块	1
刮刀		把	1
机油	SN100,100mL	mL	100
棉纱	16tex	g	50
铁丝	直径1.6mm	m	1
毛刷	3寸	把	1
干燥剂	50g	包	1
钢丝刷	5寸	把	1

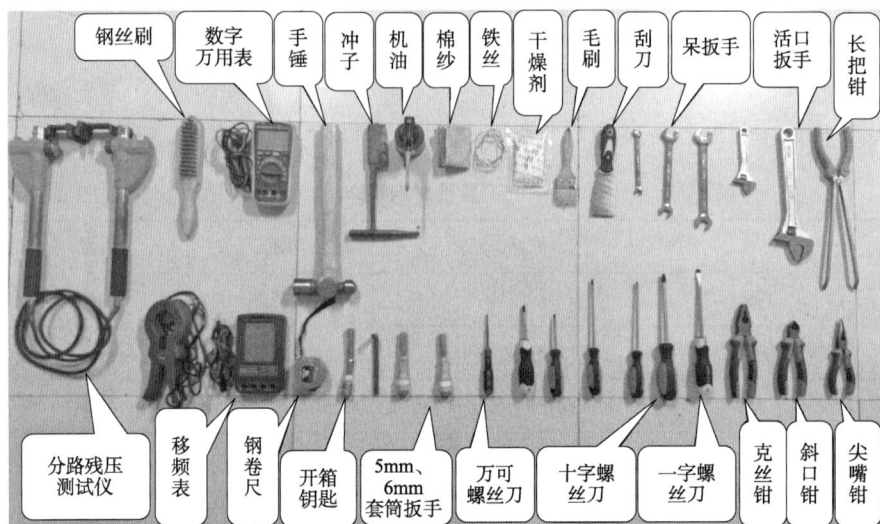

图 3-25　作业工具及材料

五、作业前准备

1. 预测预判

通过微机监测,如图 3-26 所示,对当日作业区域轨道电路曲线进行调阅分析,针对可能存在的问题,提出检修要求。

图 3-26　微机监测调阅

2. 作业安排

明确检修作业负责人、室内外防护员、作业人员、作业时间、作业地点、检修分工、巡检要求和安全预想。

3.工器具及材料准备

按照作业项目及材料清单准备好工具、仪表及材料,准备开箱钥匙、防护用具、备品备件(各种规格连接线、绝缘、不同规格的螺栓若干)。

4.着装准备

穿戴好防护服、绝缘鞋。

25Hz相敏（及微电子相敏）
轨道电路维护

六、登记联系

(1)驻站联络员携带作业调度命令、作业派工单提前40min(高铁提前60min)到车站信号楼,经车站值班员签字确认,双调度命令下达后开始工作;在值台联系过程中必须认真执行驻站联络员作业标准,密切监视列车运行情况,及时通知现场防护员,并填写驻站防护控制表。

(2)驻站联络员必须按照《技规》《行规》《维规》有关要求和电务部门作业在运统-46上登记、销记用语样板,在运统-46(施工)内登记。

七、作业流程及标准

1.一看(看5项)

(1)一看箱盒,要求无裂纹、无破损,加锁装置良好,如图3-27所示。

(2)二看硬面化,要求完好、无异物,基础不倾斜,外界无干扰,设备铭牌清晰,如图3-28所示。

图3-27　箱盒加锁装置良好

图3-28　硬面化完好、无异物

(3)三看各类连接线,要求连接及固定良好、无锈蚀,防护线无破皮、无膨胀,防混措施良好,如图3-29所示。

(4)四看绝缘,要求无破损,轨端无侧磨、无肥边,如图3-30所示。

(5)五看补偿电容,要求固定良好、编号标识清晰,塞钉头涂油漆密封,如图3-31所示。

图3-29　连接线固定、防混

图3-30　轨缝达标、无侧磨肥边、扣件不碰鱼尾板

图3-31　塞钉头漆封

2.二检(检5项)

(1)箱盒内部防尘、防潮良好,各类设备及器材安装情况、各类配线无异常,端子紧固。

(2)箱盒内电缆去向铭牌齐全、清楚,配线表、原理图清晰、正确。

(3)地线接地电阻小于1Ω,防雷单元良好。

(4)电容枕盖板、电容支架固定良好。

(5)扼流连接线、跳线、导接线连接良好,满足大机捣固"无障碍"的要求,塞钉头接触良好、涂油防护。

3.三测(测11项)

室外测8项:测电源电压,测送受电端轨道变压器一、二次侧电压,测限流器电压降,测送受电端轨面电压,测送受电端扼流变压器信号线圈、轨道线圈电压,测分路残压、入口电流,测极性交叉,测各类绝缘。

室内测3项:电码化电码校验,测轨道与局部相位角,测继电器轨道线圈端子电压。

(1)测电源电压。

测试端子:轨道电路送电端电源空开端子,如图3-32所示。

(2)测送受电端轨道变压器一、二次侧电压。

测试端子:轨道电路送受电端轨道变压器使用端子,如图3-33、图3-34所示。

图3-32　送电端电源空开测量电压

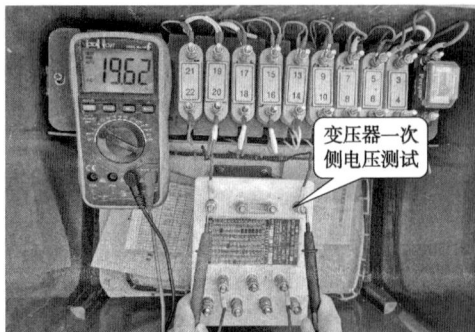

图3-33　轨道变压器一次侧电压测试

（3）测限流器电压降。

测试端子：轨道电路送受电端限流器使用端子，如图 3-35 所示。

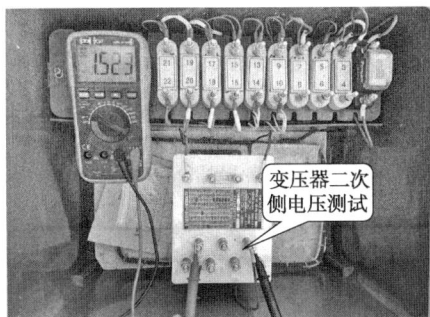

图 3-34　轨道变压器二次侧电压测试

图 3-35　限流器电压降测试

（4）测送受电端轨面电压。

测试方法：轨道电路处于调整状态时，用万用表交流电压挡在送受电端钢轨轨面测试，如图 3-36 所示。

（5）测送受电端扼流变压器信号线圈、轨道线圈电压。

测试端子：轨道电路送受电端扼流变压器信号线圈、轨道线圈端子，如图 3-37、图 3-38 所示。

学习笔记

图 3-36　轨面电压测试

图 3-37　扼流变压器信号线圈电压测试

（6）测分路残压、入口电流。

25Hz 相敏轨道电路用 0.06Ω 标准分路电阻线在轨道电路送受电端轨面上分路时，对于轨道继电器（含一送多受的其中一个分支的轨道继电器）端电压，旧型应不大于 7V，97 型应不大于 7.4V；电子接收器（含一送多受的其中一个分支的电子接收器）的轨道接收端电压应不大于 10V，输出端电压为 0，如图 3-39 所示。

入口电流均在电码化区段机车入口处测试，双向发码区段两端均须测试入口电流，预发码区段须开放信号后，由近至远逐段测试。用 0.06Ω 分路电阻线在轨道电路上分路，1700Hz、2000Hz、2300Hz 区段入口电流应为 500～1100mA，2600Hz 区段入口电流应为 450～1200mA，如图 3-40 所示。

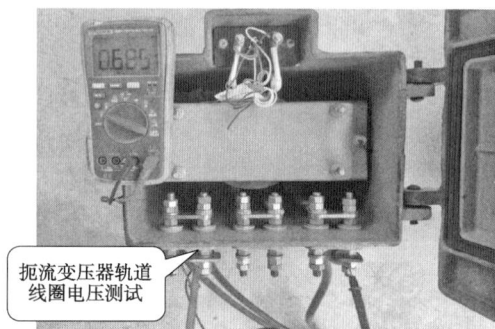

图 3-38　扼流变压器轨道线圈电压测试

图 3-39　分路残压测试

（7）测极性交叉。

两轨端绝缘处电压 $V_1 + V_4$ 之和约等于两轨面电压 $V_2 + V_3$ 之和，或轨端绝缘处电压 V_1、V_4 大于交叉电压 V_5、V_6 时，即为极性交叉，如图 3-41 所示。

图 3-40　入口电流测试

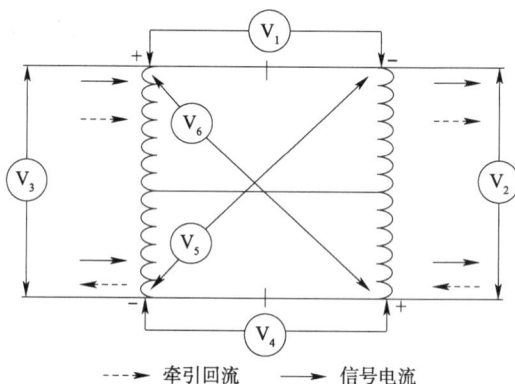

图 3-41　极性交叉检查

（8）测各类绝缘。

绝缘电阻标准：不小于 10MΩ。

测试部位如图 3-42 ~ 图 3-44 所示，将万用表旋钮调至欧姆挡，选择 ×1k 挡位，观看指针偏转。

图 3-42　塞钉与钢轨间绝缘测试

图 3-43　鱼尾板与钢轨间绝缘测试

（9）电码化电码校验。

核对开放信号占用区段轨道电路对应低频编码，如图3-45所示。

图3-44 轨间绝缘测试

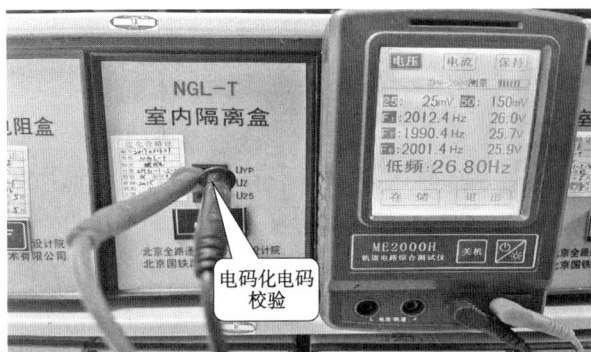

图3-45 电码化电码校验

（10）测轨道与局部相位角。

移频表选用相位测试挡，两对表笔分别测试轨道电压端子和局部电压端子。25Hz相敏轨道电路97型相位角为$(87 \pm 8)°$，微电子接收器相位角为$(90 \pm 5)°$，如图3-46所示。

（11）测继电器轨道线圈端子电压。

轨道电路处于调整状态时，继电器轨道线圈端子有效电压应不小于15V，且不得大于调整表规定的最大值。JXW-25微电子相敏轨道电路接收器接收端有效电压应不小于15V，直流电压输出值应为20~30V，如图3-47所示。

图3-46 轨道与局部相位角测试

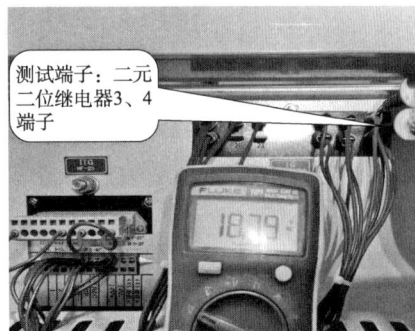

图3-47 继电器轨道线圈端子电压测试

4.四验

（1）对各部进行全面复查。

（2）填写检修卡后，箱盒加锁，盖好防护罩，加好防掀装置，活动部分适当注油。

（3）将各项测试数据纳入电气特性测试台账。

（4）清点工具、材料，清理周围杂物等，做到现场工完料清。

（5）对检修发现的结合部问题，联系工务整治。

八、销记

（1）检修完毕，作业人员检查，确认无工具及材料遗漏、设备运用正常、控制台无异常后申请销记。

（2）作业人员向驻站联络员汇报作业完毕，驻站联络员会同车务人员确认设备良好后通知作业人员撤离。

（3）驻站联络员确认作业人员撤离至安全区域后，办理销记。

九、小结

作业完毕，作业负责人组织召开班后总结会，作业人员汇报任务完成情况和设备质量情况，将检修发现的未能解决的问题纳入问题库记录下来，及时进行整治，做到闭环管理。

任务五 认识 ZPW-2000A 型无绝缘移频轨道电路

为了提高系统安全性、可靠性及传输性能,我国在法国 UM71 型无绝缘轨道电路技术引进及国产化基础上,结合国情进行技术再开发,研发出 ZPW-2000A 型无绝缘移频轨道电路。ZPW-2000A 型无绝缘移频轨道电路较 UM71 型无绝缘轨道电路提高了轨道电路传输安全性、传输长度、系统可靠性,以及提高了技术性价比,降低了工程造价。该电路也适用于城市轻轨及地铁。

一、ZPW-2000A 型无绝缘移频轨道电路构成

ZPW-2000A 型无绝缘移频轨道电路,采用电气绝缘节来实现相邻轨道电路区段的隔离,如图 3-48 所示。电气绝缘节由空芯线圈、29m 长钢轨和调谐单元构成。调谐区对于本区段频率呈现极阻抗,利于本区段信号的传输及接收;对于相邻区段频率呈现零阻抗,可靠地短路相邻区段信号,防止了越区传输,实现了相邻区段信号的电气绝缘。同时为了解决全程断轨检查问题,在调谐区内增加了小轨道电路。

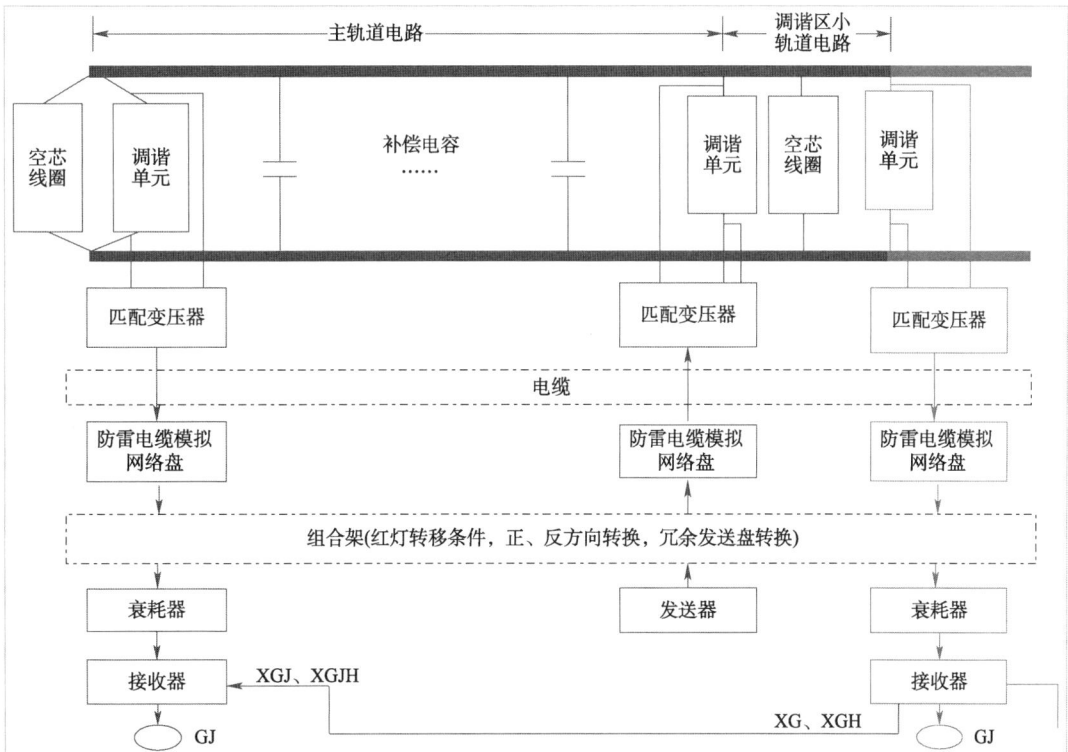

图 3-48 ZPW-2000A 型无绝缘移频轨道电路示意图

二、ZPW-2000A 型无绝缘移频轨道电路设备及其使用

1.机柜

(1)结构特征。

机柜用于安装室内发送器、接收器、衰耗器等设备,每台机柜可放置10套轨道电路设备。机柜布置示意见图3-49(正面视图),外形见图3-50。

D1	D2	D3	D4	D5

断路器	断路器	断路器	断路器	断路器	断路器	断路器	断路器	断路器	断路器
零层	零层	零层	零层	零层	零层	零层	零层	零层

发送器1	发送器3	发送器5	发送器7	发送器9
接收器1	接收器3	接收器5	接收器7	接收器9
衰耗器1	衰耗器3	衰耗器5	衰耗器7	衰耗器9
衰耗器2	衰耗器4	衰耗器6	衰耗器8	衰耗器10
发送器2	发送器4	发送器6	发送器8	发送器10
接收器2	接收器4	接收器6	接收器8	接收器10

图 3-49 ZPW·G-2000A/T 型机柜布置示意图

图 3-50 ZPW·G-2000A/T 型机柜外形

(2)规格型号。

型号:ZPW·G-2000A/T。

外形尺寸:900mm×500mm×2350mm。

(3)安装与使用。

ZPW·G-2000A/T 型机柜安装在继电器室内,配线从顶端出线;使用时

将发送器、接收器、衰耗器按照施工图装入对应位置,发送器、接收器挂在 U 形槽上,用钥匙锁紧,衰耗器插入对应的框架内。机柜在出厂时已按照施工图将发送器、接收器的频率选择用跨线封好。

2.发送器

(1)结构特征。

发送器为带 NS1 底座的 6M 插座型盒体,内部由数字板、功放板两块电路板构成,外部装有黑色网罩及锁闭杆,如图 3-51 所示。

(2)规格型号。

型号:ZPW·F。

外形尺寸:220mm×100mm×383mm。

(3)安装。

发送器安装在继电器室内 ZPW·G-2000A/T 型机柜的 U 形槽上,用钥匙将锁闭杆锁紧。

3.接收器

(1)结构特征。

接收器为带 NS1 底座的 2M 插座型盒体,内部由数字板、I/O 板、CPU 板三块电路板构成,外部装有黑色网罩及锁闭杆,如图 3-52 所示。

图 3-51　发送器外形及底座

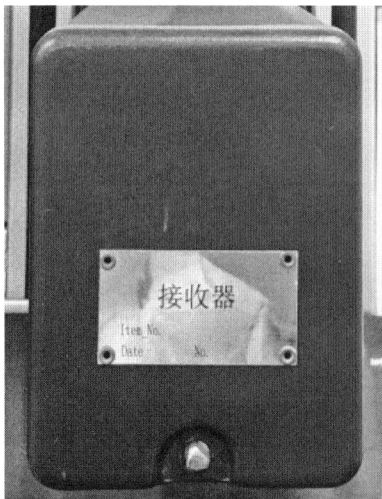

图 3-52　接收器外形

(2)规格型号。

型号:ZPW·J。

外形尺寸:220mm×100mm×123mm。

(3)安装。

接收器安装在继电器室内 ZPW·G-2000A/T 型机柜的 U 形槽上,用钥匙将锁闭杆锁紧。接收器底座端子示意如图 3-53 所示。

4. 衰耗器

（1）结构特征。

衰耗器是带有 96 芯联结器的盒体结构。盒体正面有测试塞孔，可以测量发送电源电压、接收电源电压、发送功出电压、主轨道输入电压、主轨道输出电压、小轨道输出电压、全轨道继电器和小轨道继电器电压，具有发送和接收正常工作指示、故障指示、轨道空闲指示和轨道占用指示功能，如图 3-54 所示。

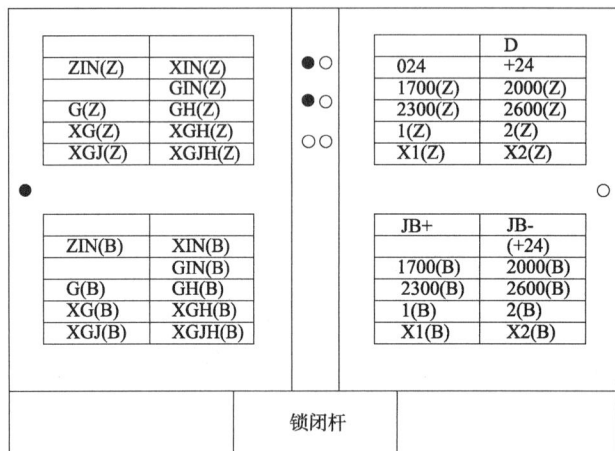

ZIN(Z)	XIN(Z)
	GIN(Z)
G(Z)	GH(Z)
XG(Z)	XGH(Z)
XGJ(Z)	XGJH(Z)

	D
024	+24
1700(Z)	2000(Z)
2300(Z)	2600(Z)
1(Z)	2(Z)
X1(Z)	X2(Z)

ZIN(B)	XIN(B)
	GIN(B)
G(B)	GH(B)
XG(B)	XGH(B)
XGJ(B)	XGJH(B)

JB+	JB-
	(+24)
1700(B)	2000(B)
2300(B)	2600(B)
1(B)	2(B)
X1(B)	X2(B)

锁闭杆

图 3-53　接收器底座端子示意图

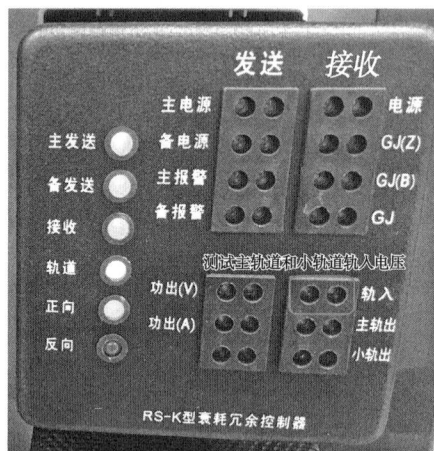

图 3-54　衰耗器外形

图 3-55　ZPW·GK-2000A/T 型接口柜外形

（2）规格型号。

型号：ZPW·RS。

外形尺寸：220mm×94mm×180mm。

（3）安装与使用。

衰耗器放置在 ZPW·G-2000A/T 型机柜上，使用时将衰耗器插入机柜上对应的外框内，然后根据该轨道电路的实际情况按照轨道电路调整表进行调整。

5. 接口柜

（1）结构特征。

接口柜用于安装防雷电缆模拟网络盘，柜内最上一层为零层，可安装两排 18 柱端子板，共 32 个。零层以下最多可放 9 层网络组匣，每层可放 8 台防雷电缆模拟网络盘，如图 3-55 所示。

（2）规格型号。

型号：ZPW·GK-2000A/T。

外形尺寸：2350mm×900mm×500mm。

（3）安装与使用。

接口柜放置在机械室内，使用时将防雷电缆模拟网络盘插入对应的组匣内，背面用手拧螺栓固定，电缆模拟网络的调整通过网络盘35芯联结器的跨线进行。

6. 防雷电缆模拟网络盘

（1）结构特征。

防雷电缆模拟网络盘是盒体结构,盒内装有两块模拟电缆板及防雷变压器,盒体正面有测试塞孔,可以测量电缆侧的电压,也可以测量设备侧的电压。盒体通过35线插头与组匣相连接,通过调整35线插座的端子可调整电缆长度,如图3-56所示。

图3-56 防雷电缆模拟网络盘

（2）规格型号。

型号:ZPW·ML。

外形尺寸:386mm×95mm×178mm。

（3）安装。

机柜安装方式:安装于综合柜。

组匣安装方式:网络组匣安装在机械室组合架或防雷柜上,用螺栓固定,每台组匣可放置8台防雷电缆模拟网络盘,带侧面端子,用户可根据现场实际情况选用此安装方式。

7. 匹配变压器

（1）结构特征。

匹配变压器的盒体采用不饱和聚酯材料,盒盖上带有滑槽。匹配变压器内装有横向防雷单元,型号为OBO V20-C/1(75V,15kA),如图3-57、图3-58所示。

图3-57 匹配变压器外形

图3-58 匹配变压器内部结构

（2）规格型号。

型号:ZPW·BPL。

外形尺寸:355mm×270mm×86mm。

（3）安装。

匹配变压器安装在轨道旁的基础桩上,采用钢包铜引接线与钢轨连接。V1-V2 端子接轨道侧,E1-E2 端子接电缆侧。

8.调谐单元

（1）结构特征。

调谐单元的盒体采用不饱和聚酯材料,盒盖上带有滑槽,如图3-59 所示。

（2）规格型号。

型号:ZPW·T-1700、2000、2300、2600。

外形尺寸:355mm×270mm×86mm。

（3）安装。

调谐单元安装在轨道旁的基础桩上,采用钢包铜引接线与钢轨连接。

9.空芯线圈

（1）结构特征。

空芯线圈盒体采用不饱和聚酯材料,盒盖上带有滑槽,如图3-60 所示。

图3-59　调谐单元外形

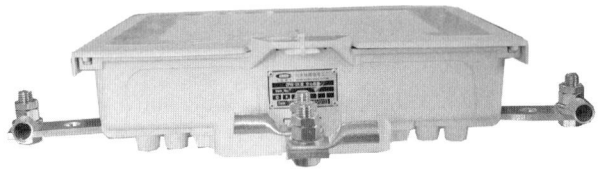

图3-60　空芯线圈外形

（2）规格型号。

型号:ZPW·XK。

外形尺寸:355mm×270mm×86mm。

图3-61　空芯线圈安装

（3）安装。

空芯线圈安装在调谐区轨道边的基础桩上,两端采用钢包铜引接线与钢轨连接,如图3-61 所示。

10.补偿电容

（1）结构特征。

补偿电容采用电缆线焊接在电容器内部,轴向分两头引出,把电缆用环氧树脂灌封。电缆的连接方式有两种,一种是用锡焊接塞钉,塞钉镀锡;另一种是用压接线,然后用专用销钉与钢轨连接。电容器的外壳材料为黑色 ABS 塑料。

（2）规格型号。

型号:ZPW·CBG1 塞钉式,ZPW·CBG2 压接式。

外形尺寸:见表3-3。

补偿电容外形尺寸
表3-3

电容容量(μF)	电容器壳体部分外形尺寸		引出电缆加电容器总长度(m)
	直径(mm)	长度(mm)	
28	$\phi(55 \pm 1)$	140 ± 5	2.2 ± 0.05
30			
33			
40			
46	$\phi(60 \pm 1)$	140 ± 5	
50			
55			

(3)安装。

等间距设置补偿电容,Δ 表示等间距长度,轨道电路两端调谐单元与第一个电容距离为 $\Delta/2$,安装允许误差为 ± 0.5m。等间距长度计算公式如下:

$$\Delta = L/N_c$$

式中:L——轨道电路两端调谐单元的距离(并非轨道电路长度);

N_c——根据优选设计确定的补偿电容数量。

补偿电容的容量取决于轨道电路频率,数量取决于轨道电路的长度,如图 3-62、图 3-63 所示。

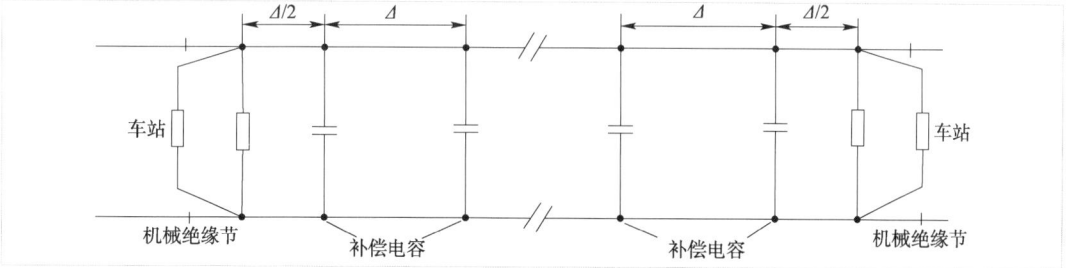

图 3-62　补偿电容安装位置示意图

图 3-63　补偿电容安装

任务六　ZPW-2000A 型无绝缘移频轨道电路检修作业

一、作业目的

通过对 ZPW-2000A 型无绝缘移频轨道电路进行检修,掌握设备运用状态,发现设备存在的问题,为后续开展设备整治提供依据。

二、作业安全注意事项及风险提示

1. 注意事项

(1)与驻站联络员、现场防护员互试联络工具,确保联络工具良好。

(2)穿好工作服、绝缘鞋、防护服(夜间作业必须穿反光防护服),高压作业必须使用高压绝缘手套、绝缘胶鞋、绝缘垫,冬季室外作业所戴防寒帽应有耳孔。

(3)作业途中应走路肩,在道床上行走或作业时,应不断前后瞭望。

(4)在电气化区段,身体及所持工具须与牵引供电设备高压带电部分保持 2m 以上的距离,与回流线、架空地线、保护线保持 1m 以上的距离。

2. 风险提示

(1)防止分路不良,管理失控。

(2)防止各类绝缘失效。

(3)防止轨道电路轨旁设备固定不良。

(4)防止各类引接线固定不良。

(5)防止牵引回流不畅,烧毁设备。

(6)防止人身伤害。

(7)电气化区段防止触电伤害。

(8)防止现场遗留材料、工具等。

三、作业内容

(1)外界全面检查。

(2)室内外设备内部检修。

(3)室内外项目测试。

四、作业工具及材料

作业工具及材料清单见表3-4,工具及材料如图3-64所示。

作业工具及材料清单　　　　　　　　表3-4

名称	规格、型号	单位	数量
对讲机		部	2
手锤	3kg	把	1
活口扳手	150mm、300mm	把	各1
呆扳手	14mm/17mm、17mm/19mm	把	各1
十字螺丝刀	300mm	把	3
一字螺丝刀	300mm	把	3
克丝钳	6寸	把	1
尖嘴钳	6寸	把	1
斜口钳	5寸	把	1
套筒扳手	5mm、6mm	把	各1
钢卷尺	3m	把	1
移频在线综合测试仪	ME2000	台	1
地线测试仪		台	1
轨道绝缘测试仪		台	1
万可螺丝刀	100mm	把	1
万用表	FLUKE	块	1
开箱钥匙	13mm/17mm	把	1
刮刀		把	1
机油	SN100	mL	100
棉纱	16tex	g	50
铁丝	直径1.6mm	m	1
毛刷	3寸	把	1
干燥剂	50g	包	1

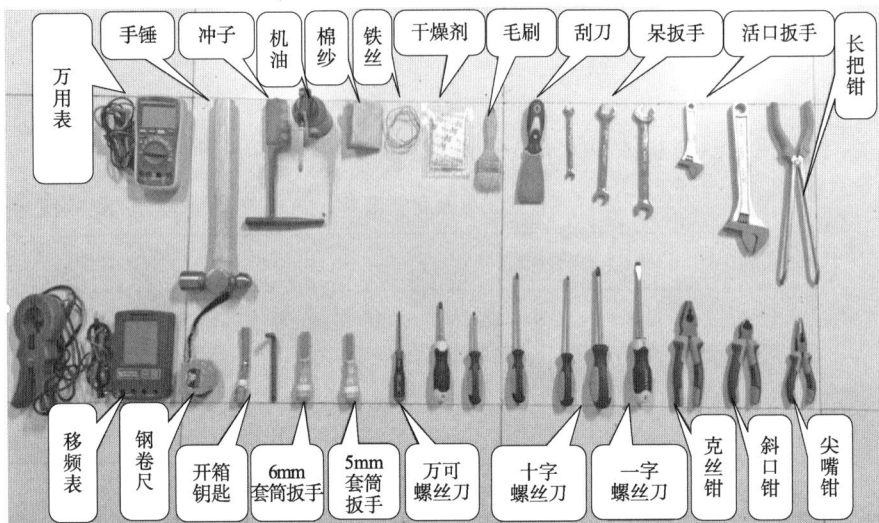

图 3-64 作业工具及材料

五、作业前准备

1.预测预判

通过微机监测等手段,对所需检修的轨道电路日、月曲线进行调阅分析,通过数据、曲线的变化分析可能存在的问题,提出检修要求,如图 3-65所示。

图 3-65 微机监测调阅

2.作业安排

明确检修作业负责人、室内外防护员、作业人员、作业时间、作业地点、检修分工、巡检要求和安全预想。

3. 工器具及材料准备

按照作业项目及材料清单准备好工具、仪表及材料,准备开箱钥匙、照明用品、防护用具、备品备件(各种规格连接线、导接线、不同规格的螺栓若干)。

(1)工具准备:对讲机、照明灯、手锤、冲子、克丝钳、活口扳手、钢卷尺、套筒扳手、螺丝刀、扁刷、万可端子专用工具、开箱钥匙、防护用具等。

(2)仪表准备:地线测试仪、移频在线综合测试仪、轨道绝缘测试仪。

(3)材料准备:各种连接线(钢包铜线、导接线等)、卡钉(线卡)、常用螺栓、螺母、垫片、弹簧垫圈、铁丝、机油、棉纱等。

4. 着装准备

穿戴好防护服、绝缘鞋。

六、登记联系

(1)驻站联络员携带作业调度命令、作业派工单提前40min(高铁提前60min)到车站信号楼,经车站值班员签字确认,双调度命令下达后开始工作;在值台联系过程中必须认真执行驻站联络员作业标准,密切监视列车运行情况,及时通知现场防护员,并填写驻站防护控制表。

(2)驻站联络员必须按照《技规》《行规》《维规》有关要求和电务部门作业在运统-46上登记、销记用语样板,在运统-46(施工)内登记。

七、作业流程及标准

1. 室外设备外部检修

(1)箱盒底距地面不少于150mm,排水良好。外部环境清洁,无杂草、废弃物等,电缆不外露,硬面化完整。基础倾斜限度不得超过10mm,如图3-66所示。

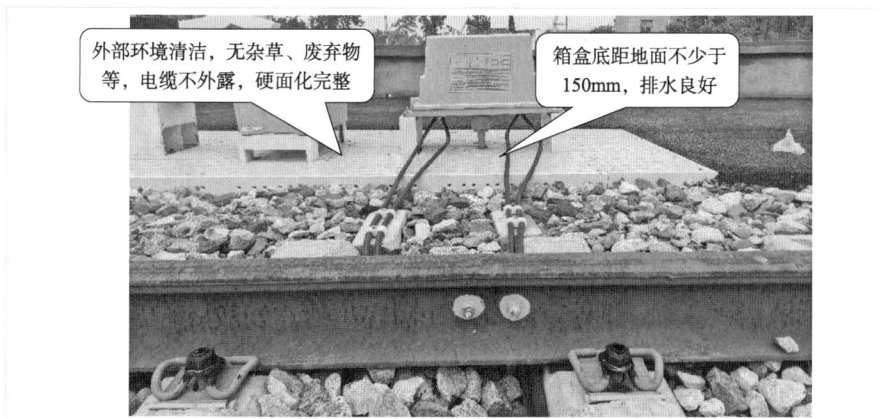

图3-66　外部环境检查

（2）箱盒加锁、密封良好，引线无脱落，箱盒无裂纹，油饰良好。各部螺栓油润、紧固、满帽，防松标记齐全，如图3-67所示。

箱盒加锁、密封良好，箱盒无裂纹，油饰良好

X2JG-S

各部螺栓油润、紧固、满帽，防松标记齐全

图 3-67　箱盒检查

（3）区段名称标识清晰、正确、安装牢固，如图3-68所示。

（4）调谐区各类防护线无破皮、无膨胀变形，固定良好，无锈蚀，断股不超过1/5，防混、防腐措施良好，未被道砟掩埋，穿越钢轨处距轨底不小于30mm，如图3-69所示。

区段名称标识清晰、正确、安装牢固

1700-2 I G-FS

图 3-68　区段名称标识检查

未被道砟掩埋，穿越钢轨处距轨底不小于30mm，防混、防腐措施良好

调谐区各类防护线无破皮、无膨胀变形，固定良好

图 3-69　各类防护线检查

（5）补偿电容安装和固定良好，电容引接线外皮无破损，电容卡具固定良好、编号清晰。补偿电容实际安装位置与理论计算位置允许误差为±0.65m，遇有应答器时，可调整电容位置，允许偏差为±1000mm，如图3-70、图3-71所示。

图3-70　补偿电容和电容引接线检查1

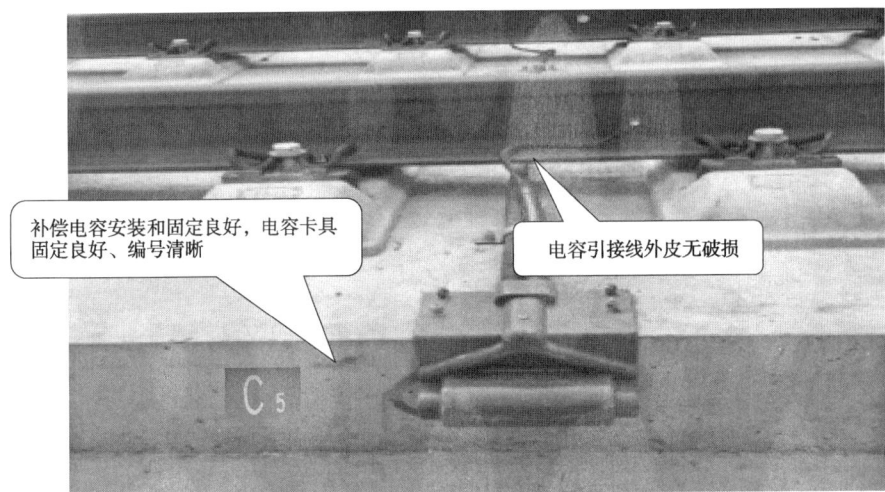

图3-71　补偿电容和电容引接线检查2

（6）各类塞钉无脱焊，打入深度最少与轨腰平齐，露出不超过5mm，油漆密封良好，如图3-72所示。

（7）电气化区段横向连接线固定良好，应采用截面积不小于70mm^{2}的带绝缘防护套铜线，如图3-73所示。

2.室外设备内部检修

（1）箱内防尘、防潮良好，配线整齐，电缆去向铭牌齐全、清楚。引线孔封堵良好。配线图、原理图齐全,图纸清晰、正确,图物相符,如图3-74所示。

各类塞钉无脱焊,打入深度最少与轨腰平齐,露出不超过5mm,油漆密封良好

图3-72 塞钉检查

电气化区段横向连接线固定良好

图3-73 横向连接线检查

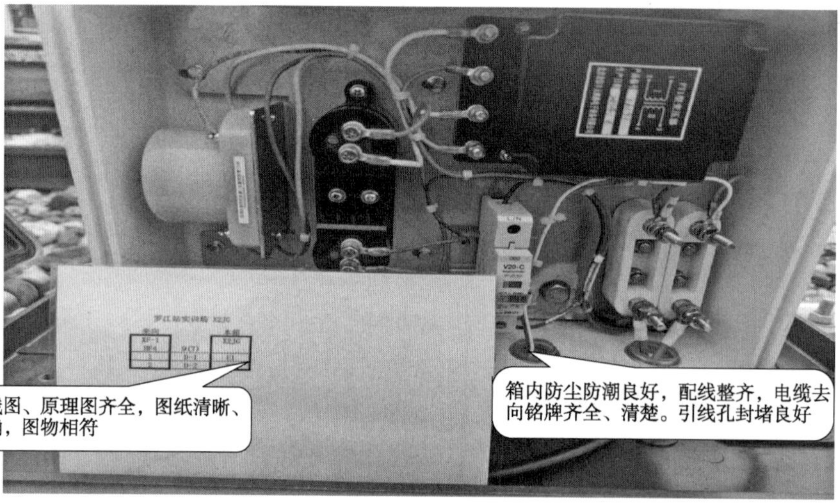

配线图、原理图齐全,图纸清晰、正确,图物相符

箱内防尘防潮良好,配线整齐,电缆去向铭牌齐全、清楚。引线孔封堵良好

图3-74 匹配变压器箱内配线检查

(2)各部电气接点端子紧固,防松标识齐全。防雷模块型号类型正确,无劣化指示,如图3-75所示。

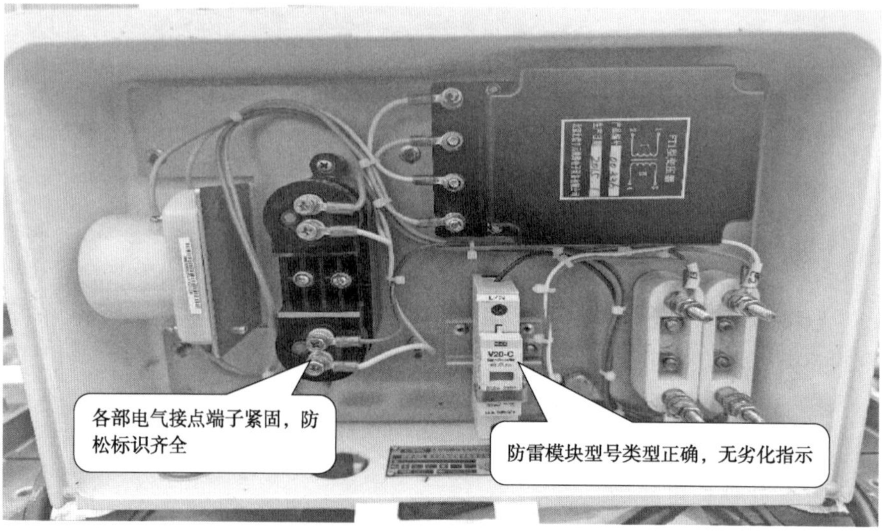

各部电气接点端子紧固,防松标识齐全

防雷模块型号类型正确,无劣化指示

图3-75 匹配变压器箱内端子、防雷检查

（3）匹配变压器与调谐单元的连接线采用截面积为 7.4mm^2 的铜缆,线头两端采用直径为 6mm 的铜端头冷压连接,不松动,如图 3-76 所示;电气绝缘节处的连接线长度分别为 250mm、500mm,机械绝缘节处的两根连接线长度为 2700mm,并用软管防护。

（4）扼流变压器箱盒内部各部螺栓紧固,器材安装稳固、无过热情况,如图 3-77 所示。

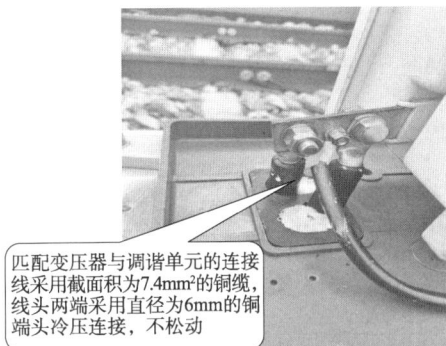

匹配变压器与调谐单元的连接线采用截面积为7.4mm²的铜缆,线头两端采用直径为6mm的铜端头冷压连接,不松动

图 3-76　匹配变压器连接线检查

扼流变压器箱盒内部各部螺栓紧固,器材安装稳固、无过热情况

图 3-77　扼流变压器箱盒内部检查

（5）空芯线圈各部螺栓紧固,器材安装稳固、无过热情况。防雷模块型号类型正确,劣化指示标识正常,为绿色。接地良好,地线齐全,与贯通地线接触良好,接地电阻不得大于 1Ω,如图 3-78、图 3-79 所示。

3. 室内设备外部检修

（1）机柜安装固定良好,柜门关闭正常。显示器操作界面显示正常,工作指示灯显示无异常,如图 3-80、图 3-81 所示。

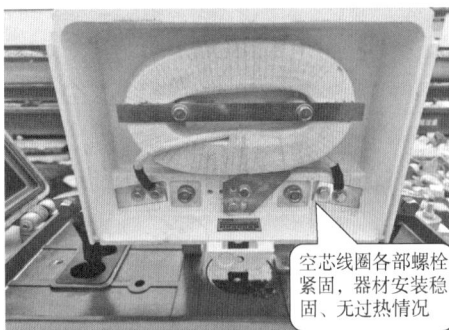

空芯线圈各部螺栓紧固,器材安装稳固、无过热情况

图 3-78　空芯线圈检查

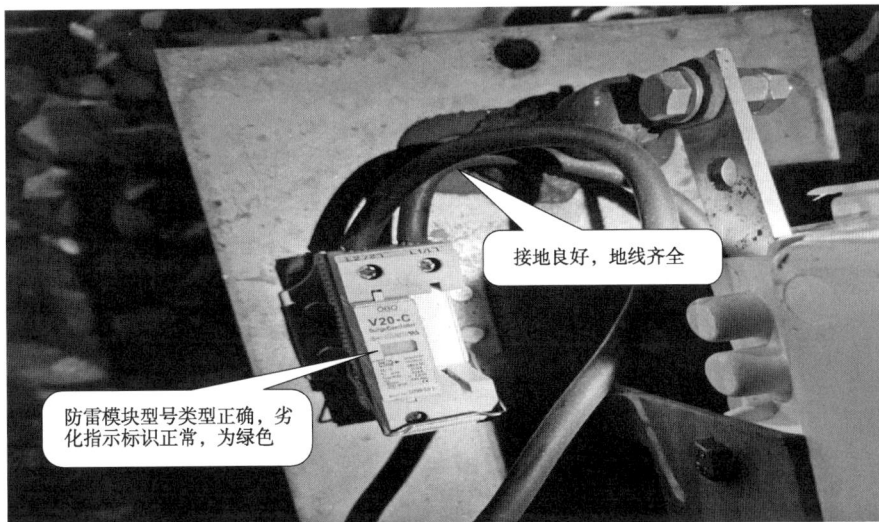

接地良好,地线齐全

防雷模块型号类型正确,劣化指示标识正常,为绿色

图 3-79　防雷检查

机柜安装固定良好，柜门关闭正常

图 3-80　机柜检查

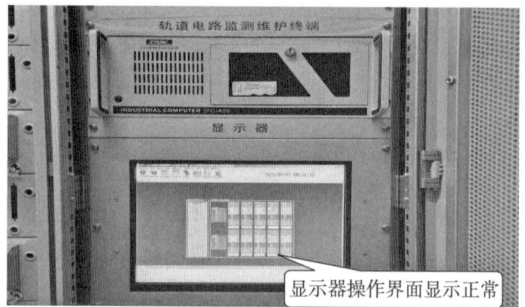

显示器操作界面显示正常

图 3-81　显示器操作界面检查

（2）移频柜熔断器安装牢固、接触良好，容量使用正确，标识标记齐全、清晰、正确。电源端子各部螺栓紧固，如图 3-82、图 3-83 所示。

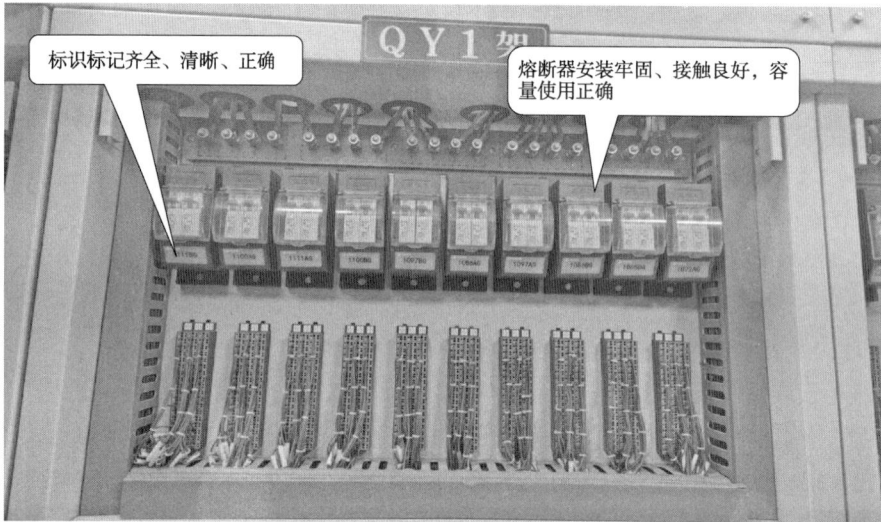

标识标记齐全、清晰、正确

熔断器安装牢固、接触良好，容量使用正确

图 3-82　移频柜熔断器检查

电源端子各部螺栓紧固

图 3-83　电源端子检查

（3）移频柜发送器、接收器、衰耗器、各类监测盒外观、指示灯显示正常，设备安装稳固且无异味、异响，器材无过热现象，如图3-84所示。

图3-84　移频柜检查

（4）区间综合柜器材安装稳固，无异味，无过热情况。标识标记齐全、清晰、正确，如图3-85所示。

图3-85　区间综合柜检查

（5）电缆模拟网络盘防雷模块型号正确，无劣化指示。分线采集器工作指示灯显示正常。各区段标识齐全、正确，如图3-86所示。

（6）组合架地线连接固定良好，以最短距离就近分别与接地汇集线连接，如图3-87所示。

4.室内设备内部检修

（1）机柜内部配线绑扎固定良好，线缆不紧绷、无损伤。引线口封堵良好,如图 3-88、图 3-89 所示。

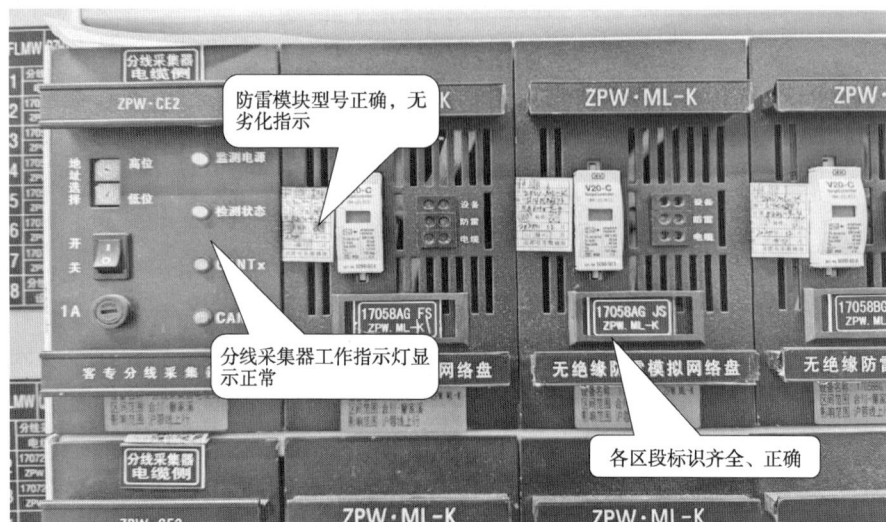

防雷模块型号正确,无劣化指示

分线采集器工作指示灯显示正常

各区段标识齐全、正确

图 3-86　电缆模拟网络盘检查

地线连接固定良好

图 3-87　组合架地线连接检查

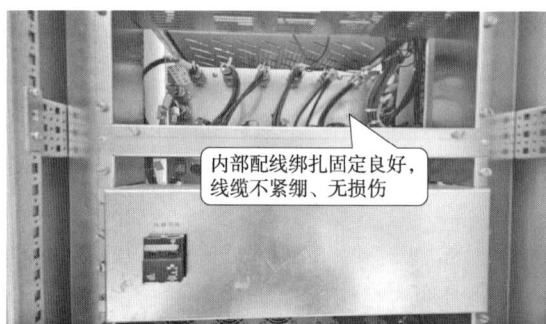

内部配线绑扎固定良好,线缆不紧绷、无损伤

图 3-88　机柜内部配线检查

(2)机柜风扇工作正常,通风良好,无局部过热、异常噪声和异常气味,如图 3-90 所示。

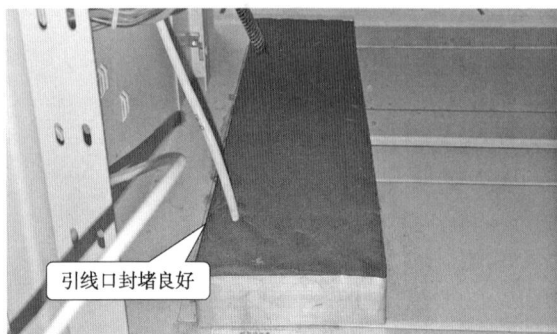

引线口封堵良好

图 3-89　引线口检查

风扇工作正常,通风良好,无局部过热、异常噪声和异常气味

图 3-90　风扇检查

(3)显示器操作界面正常,各项数据采集正常,各部工作指示灯显示无异常,如图 3-91 所示。

（4）机柜地线连接固定良好，以最短距离就近分别与接地汇集线连接，如图 3-92 所示。

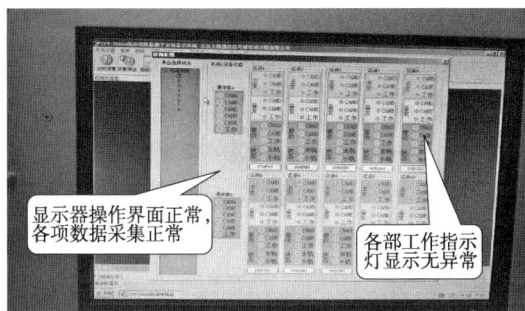

图 3-91　显示器操作界面检查

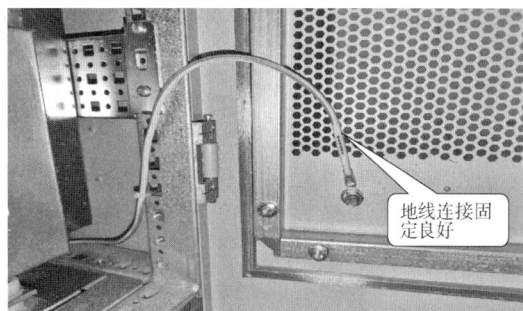

图 3-92　机柜地线连接检查

（5）移频柜内各部配线整洁，空位底座封堵良好，配线端子插接良好，端子配线用途标识标记齐全，如图 3-93 所示。

图 3-93　移频柜内各部配线检查

（6）区间综合柜各部端子紧固，地线连接固定良好。熔断器安装牢固、接触良好，容量符合设计规定，如图 3-94、图 3-95 所示。

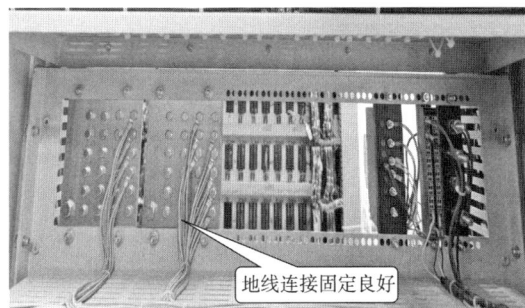

图 3-94　区间综合柜地线连接检查

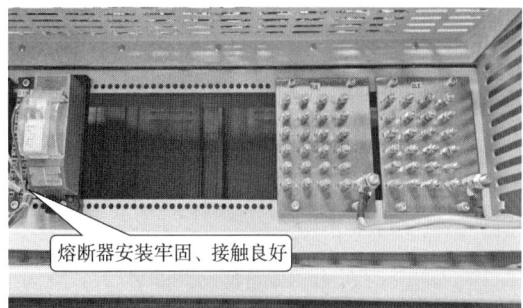

图 3-95　区间综合柜熔断器检查

（7）电缆模拟网络盘端子配线焊接良好，防护良好，无破皮、短路可能，如图 3-96 所示。

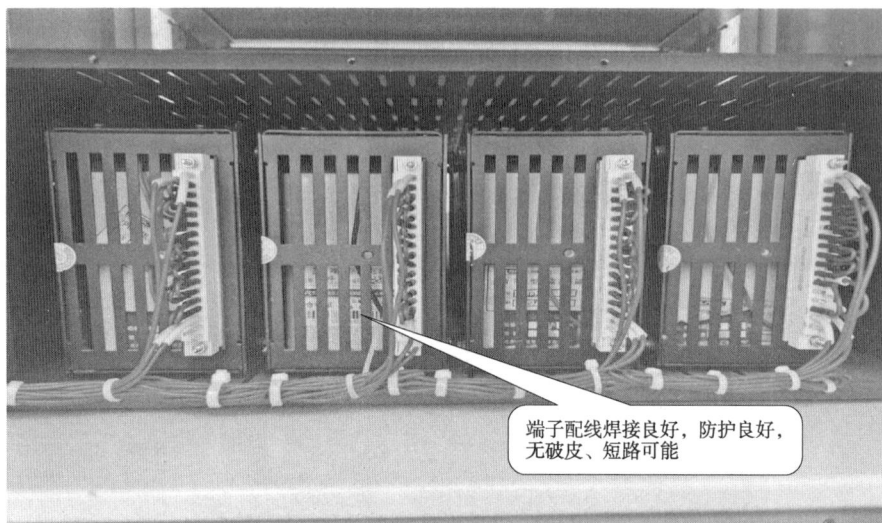

> 端子配线焊接良好，防护良好，无破皮、短路可能

图 3-96　电缆模拟网络盘端子配线检查

（8）组合架零层端子紧固，标识标记齐全，熔丝报警装置作用良好，工作指示灯显示正常，如图 3-97 所示。

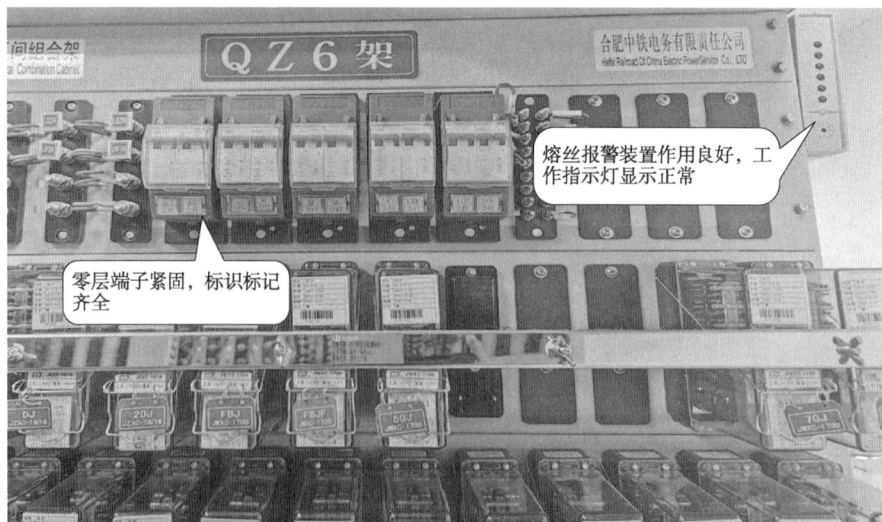

> 熔丝报警装置作用良好，工作指示灯显示正常

> 零层端子紧固，标识标记齐全

图 3-97　组合架零层检查

（9）组合架内部防潮、防尘良好，配线绑扎整齐，无破皮、短路、混线可能，如图 3-98 所示。

5. 室外项目测试

（1）发送端匹配单元电压（E1-E2、V1-V2）、轨面电压测试。

用移频仪选择与该区段相同频率挡，再选电压挡，在轨面上测试电压，如图 3-99 所示。

配线绑扎整齐，无破皮、短路、混线可能

图 3-98 组合架内部检查

（2）接收端匹配单元电压（E1-E2、V1-V2）、轨面电压、分路残压测试，如图 3-100 所示。

图 3-99 轨面电压测试

用移频仪选择与该区段相同频率挡，再选电压挡，在E1-E2端子上测试电压

用移频仪选择与该区段相同频率挡，再选电压挡，在V1-V2端子上测试电压

图 3-100 接收端匹配单元电压（E1-E2、V1-V2）测试

（3）电容测试。

电容容量误差范围为标准值 ±5%。

（4）入口电流测试。

顺着列车运行方向，在列车最先进入该区段的一端，用 0.15Ω 标准分路线短路轨面，所测分路线中的电流即为入口电流，如图 3-101 所示。

在轨道电路分路状态最不利条件下，在轨道电路任意一处轨面用 0.15Ω 标准分路线进行分路时，1700Hz、2000Hz、2300Hz 区段短路电流应不小于 500mA，2600Hz 区段短路电流应不小于 450mA。

（5）免维线电流平衡测试（发送、接收、空芯线圈）。

两长或者两短免维线电流值相差不超过 10%。

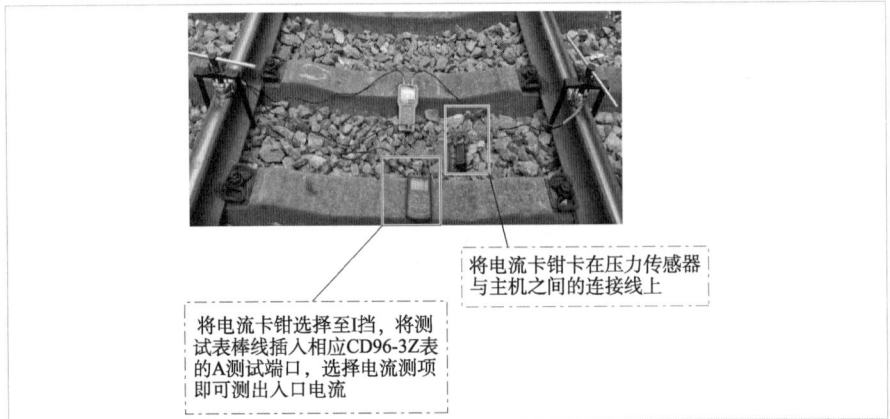

将电流卡钳卡在压力传感器与主机之间的连接线上

将电流卡钳选择至I挡，将测试表棒线插入相应CD96-3Z表的A测试端口，选择电流测项即可测出入口电流

图 3-101　入口电流测试

6. 室内项目测试

（1）发送、接收电源电压测试。

发送、接收电源电压测试如图 3-102 所示。

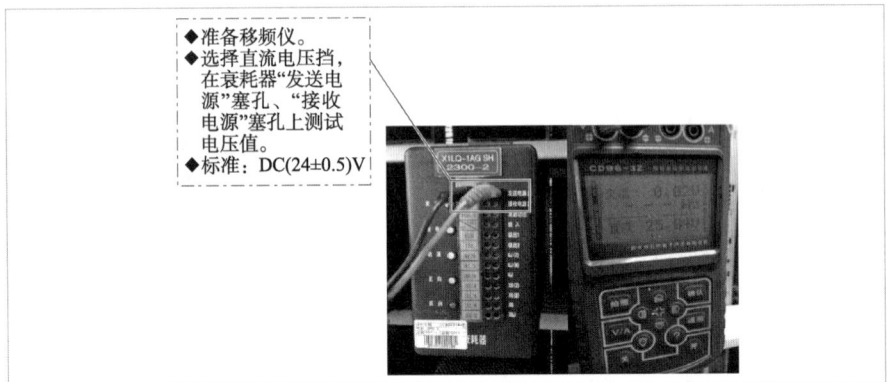

◆准备移频仪。
◆选择直流电压挡，在衰耗器"发送电源"塞孔、"接收电源"塞孔上测试电压值。
◆标准：DC(24±0.5)V

图 3-102　发送、接收电源电压测试

（2）发送功出电压及载频测试。

发送功出电压及载频测试如图 3-103 所示。

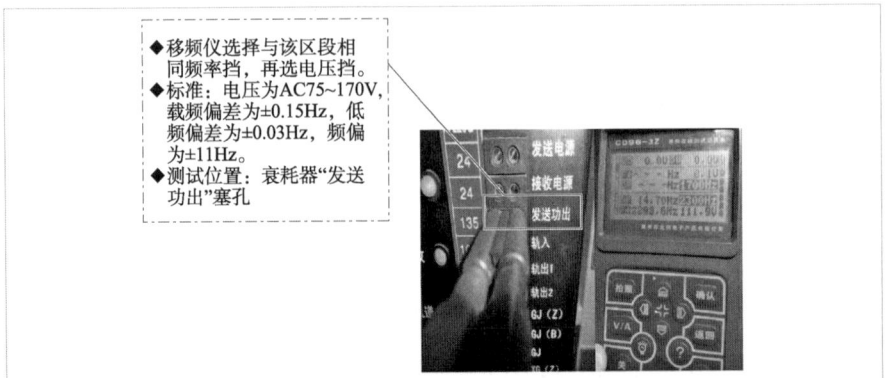

◆移频仪选择与该区段相同频率挡，再选电压挡。
◆标准：电压为AC75~170V，载频偏差为±0.15Hz，低频偏差为±0.03Hz，频偏为±11Hz。
◆测试位置：衰耗器"发送功出"塞孔

图 3-103　发送功出电压及载频测试

（3）轨入电压（主轨和小轨）测试。

轨入电压（主轨和小轨）测试如图 3-104 所示。

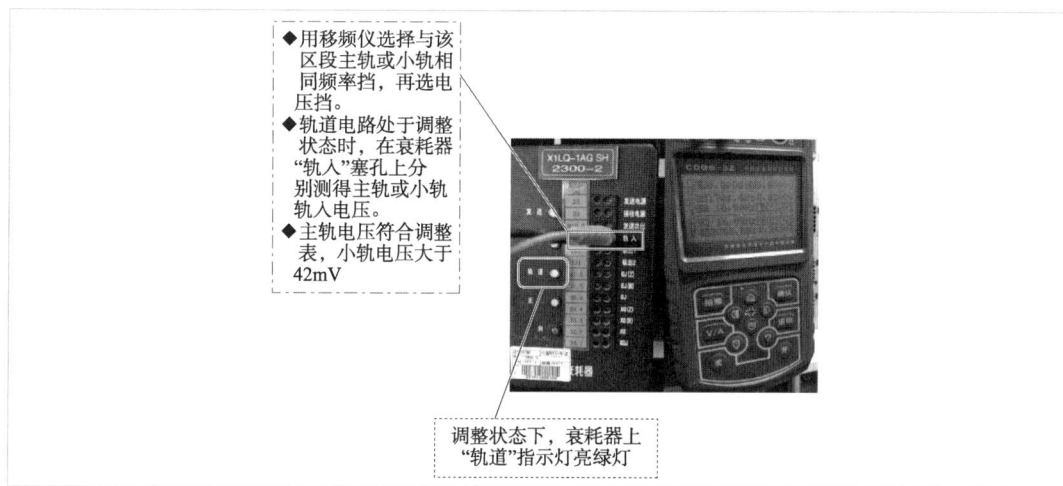

图 3-104 轨入电压（主轨和小轨）测试

（4）轨出电压（主轨和小轨）测试。

轨出电压（主轨和小轨）测试如图 3-105 所示。

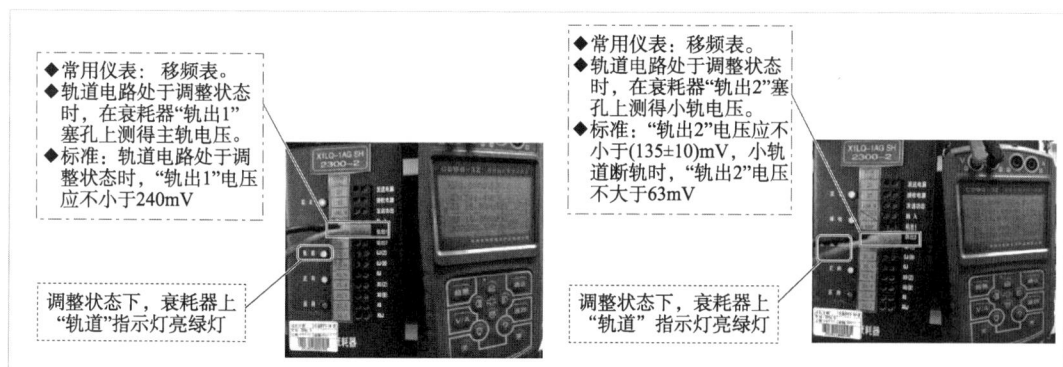

图 3-105 轨出电压（主轨和小轨）测试

（5）GJ（Z）、GJ（B）、GJ、XG（Z）、XG（B）、XG、XGJ 电压测试。

GJ（Z）、GJ（B）、GJ、XG（Z）、XG（B）、XG、XGJ 电压测试如图 3-106 所示。

7. 复查试验

（1）查看衰耗器面板上各指示灯，确保良好。

（2）填写检修卡后，箱盒加锁，盖好防护罩，加好防撬装置，活动部分适当注油。

（3）将各项测试数据纳入电气特性测试台账。

（4）联系车间盯控调度员，调阅轨道电路电压曲线，确保其达标且与检修前对比无过大变化，如果变化大且无工作内容，则需要进行处置。

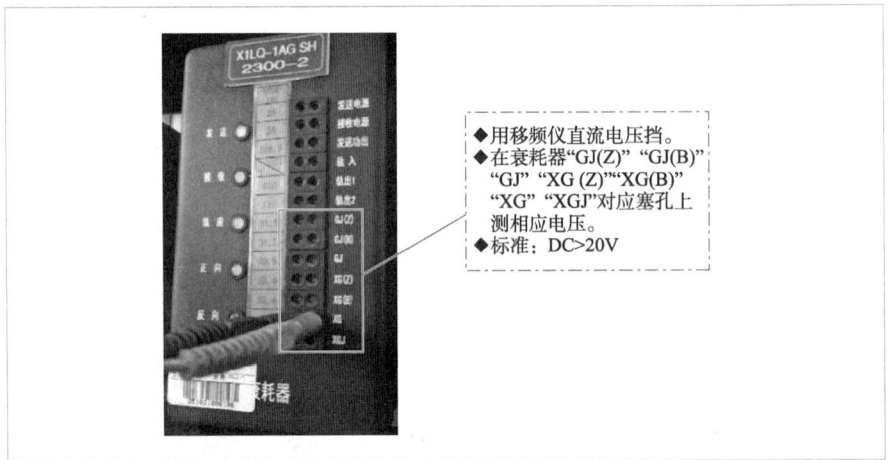

◆ 用移频仪直流电压挡。
◆ 在衰耗器"GJ(Z)""GJ(B)"
"GJ""XG(Z)""XG(B)"
"XG""XGJ"对应塞孔上
测相应电压。
◆ 标准：DC>20V

图 3-106　GJ(Z)、GJ(B)、GJ、XG(Z)、XG(B)、XG、XGJ 电压测试

八、销记

（1）检修完毕，作业人员检查，确认无工具及材料遗漏、设备运用正常、控制台无异常后申请销记。

（2）作业人员向驻站联络员汇报作业完毕，驻站联络员会同车务人员确认设备良好后通知作业人员撤离。

（3）驻站联络员确认作业人员撤离至安全区域后，办理销记。

九、小结

作业完毕，作业负责人组织召开班后总结会，作业人员汇报任务完成情况和设备质量情况，将检修发现的未能解决的问题纳入问题库记录下来，及时进行整治，做到闭环管理。

学习笔记

项目四

转辙机维护实训

任务一　认识 ZD6 系列电动转辙机

ZD6 系列电动转辙机广泛运用于非提速区段及提速区段的侧线上,包括 A、B、C、D、E、F、G、H、J、K 等派生型号(B、C 型号已不再生产)。ZD6-A 型是 ZD6 系列电动转辙机的基本型,其他型号皆是以其为基础改进、完善及发展而来的。

ZD6转辙机结构

图 4-1　ZD6 系列电动转辙机

一、ZD6 系列电动转辙机的结构及部件

ZD6 系列电动转辙机如图 4-1 所示,主要由底壳、电动机、减速器、启动片、速动片、主轴、自动开闭器、表示杆、动作杆、移位接触器、齿条块、锁闭齿轮等组成,如图 4-2 所示。

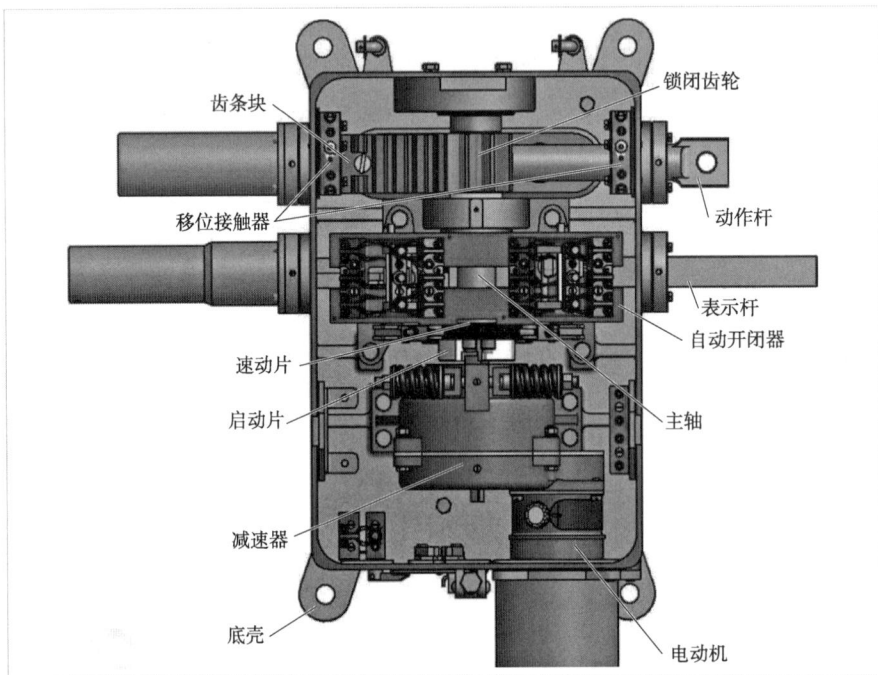

图 4-2　ZD6 系列电动转辙机结构示意图

1.电动机

在接线端子上施加额定电压后,电动机线圈内有电流流过,从而产生转动。电动机额定电压为 160V,额定电流为 2A,如图 4-3 所示。

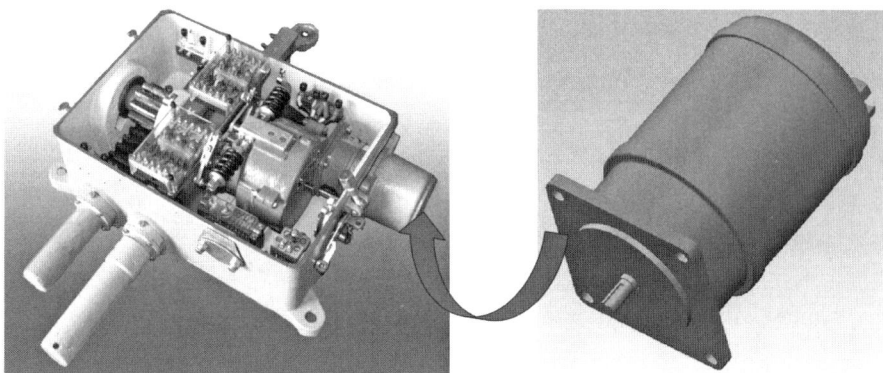

图4-3 电动机

2. 减速器

减速器用于将电动机的高转速降低,以提高转矩,便于转换道岔,如图4-4所示。

图4-4 减速器

3. 摩擦联结器

如图4-5所示,减速器内齿轮的小外圆上安装有摩擦制动板,摩擦制动板下端套于固定在减速壳的夹板轴上,上端用螺栓弹簧压紧时,内齿轮就靠摩擦作用被固定。因此在正常转换情况下,依靠摩擦力,内齿轮给予外齿轮一个反作用力,使外齿轮在摆动式运动中旋转,带动输出轴、主轴、锁闭齿轮转动,从而带动道岔转换。当道岔尖轨遇障碍物不能密贴、锁闭齿轮、主轴、输出轴等不再转动而电动机却还在转动时,由于输入轴还随电动机在转动,外齿轮仍继续沿内齿轮做逐齿咬合的摆动式运动,但输出轴不能转动,外齿轮受滚棒的阻止而不能自转。在这种情况下,摆动式运动使外齿轮对内齿轮有一个作用力,迫使内齿轮在摩擦制动板中旋转。

摩擦联结器的摩擦力要适当,过大会导致电动机和有关机件损坏,过小则不能正常带动道岔转换。一般通过调整弹簧压力大小来调整摩擦力,通过测量摩擦电流值来衡量摩擦力大小。

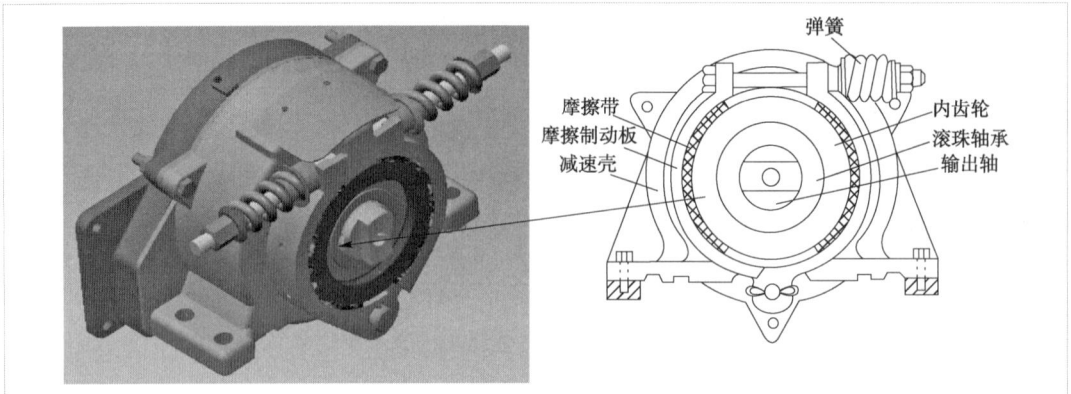

图 4-5　摩擦联结器

4.启动片

启动片是介于减速器与主轴间的传动媒介。它连接输出轴与主轴,利用其正反两面相互垂直形成"十"字形沟槽,在旋转时补偿两轴不同心的误差,同时还能够对自动开闭器起到控制作用。

5.主轴

如图 4-6 所示,主轴由主轴、主轴套、轴承、止挡栓等组成。主轴由输出轴通过启动片带动旋转,主轴上安装锁闭齿轮,锁闭齿轮和齿条块相互动作,将旋转运动变为平动,通过动作杆带动尖轨运动,并完成锁闭。

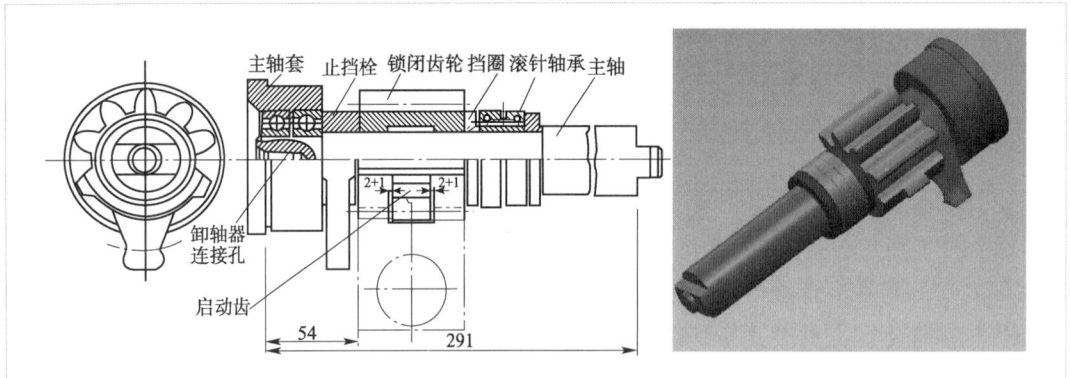

图 4-6　主轴(尺寸单位:mm)

6.锁闭齿轮和齿条块

锁闭齿轮和齿条块如图 4-7 所示,锁闭齿轮有 7 个齿,1 号齿(图 4-7 中 1 号齿被遮挡,其具体位置见图 4-8)和 7 号齿为启动小齿,两者之间为锁闭圆弧;齿条块有 6 个齿、7 个槽,两边为削尖齿。

锁闭齿轮、齿条块将旋转运动变为直线运动以带动道岔尖轨位移,并完成内部锁闭。电动转辙机每转换一次,锁闭齿轮与齿条块要完成解锁、转换、锁闭三个过程,如图 4-8 所示。

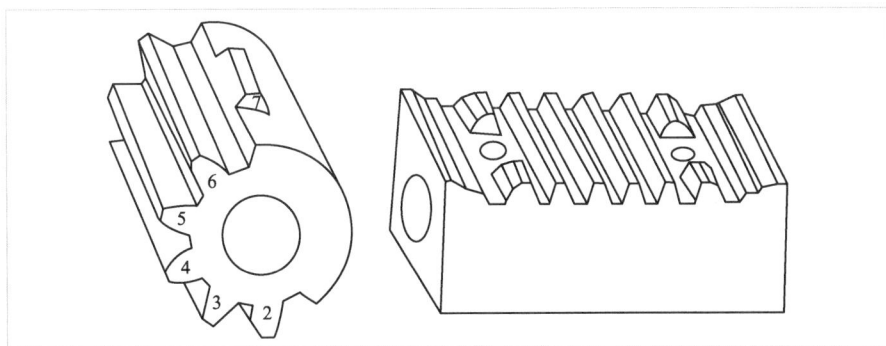

图 4-7　锁闭齿轮和齿条块

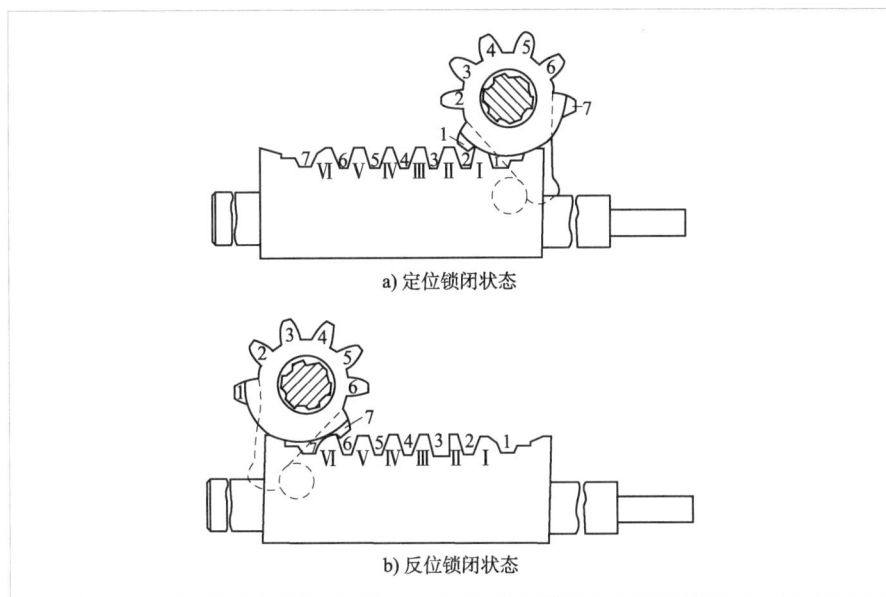

a) 定位锁闭状态

b) 反位锁闭状态

图 4-8　锁闭齿轮、齿条块动作过程

学习笔记

转换道岔时,首先是电动机开始转动,带动减速器输入、输出轴转动,并通过启动片带动主轴及锁闭齿轮转动,锁闭齿轮拨动齿条块带动动作杆动作;转换完毕后,锁闭齿轮的圆弧面正好与齿条块的削尖齿弧面重合,当齿条块受到水平移动的作用力时,这个力只能沿着锁闭圆弧的半径方向传给锁闭齿轮,所以锁闭齿轮不能转动,齿条块也不能移动,被固定在齿条块里的动作杆也不能移动,从而实现了道岔的内部锁闭。

7. 动作杆

动作杆与齿条块之间用挤切销相连,正常动作时,齿条块带动动作杆;挤岔时,挤切销折断,动作杆与齿条块分离,避免机件损坏。

8. 表示杆

如图 4-9 所示,表示杆由前后表示杆以及两个检查块组成。随着尖轨移动,只有当尖轨密贴且锁闭时,自动开闭器的检查柱才能落入表示杆的缺口之中,接通表示电路。挤岔时,表示杆被推动,顶起检查柱,从而断开表示电路。

9. 挤岔装置

挤岔装置包括动作杆与齿条块之间的挤切销、自动开闭器中的检查柱斜面、表示杆检查块缺口斜面,以及移位接触器。

挤岔装置如图 4-10 所示,通常齿条块与动作杆通过挤切销连接在一起。当挤岔时,挤切销折断,动作杆在齿条内移动,顶杆顶起,将移位接触器接点切断,从而切断表示电路。当发生挤岔、表示杆被推或拉时,检查柱被顶起,自动开闭器中一排动接点断开,从而切断表示电路。

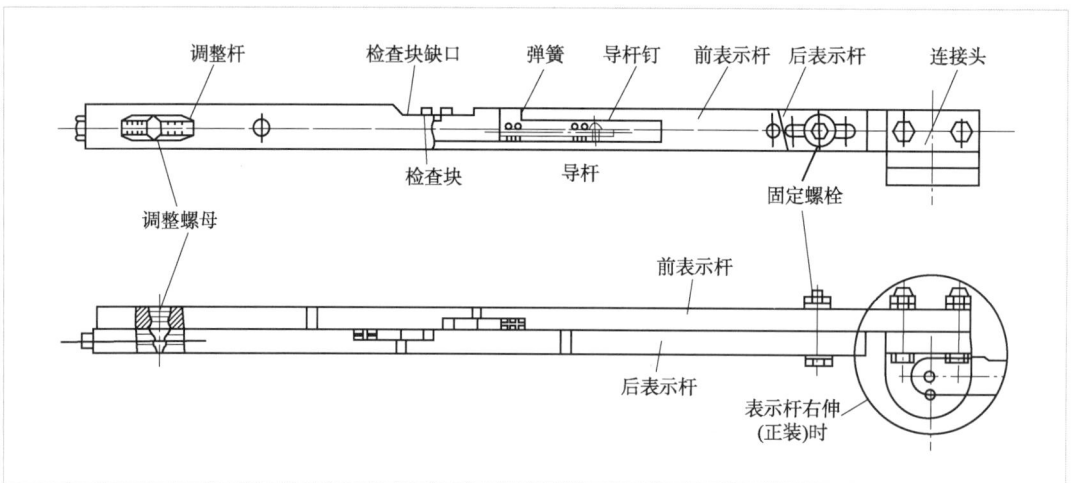

图 4-9 表示杆

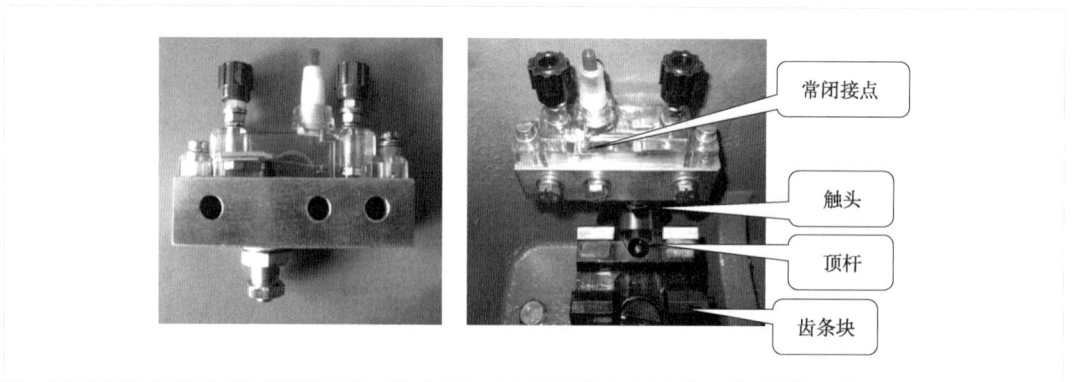

图 4-10 挤岔装置

认识 ZD6 系列电动转辙机自动开闭器

10. 自动开闭器

自动开闭器在转辙机内随机件动作能自动完成开关,随着道岔的转换,正确地接通与断开电动机电路及表示电路。自动开闭器如图 4-11 所示。自动开闭器与表示杆的动作关系如图 4-12 所示。

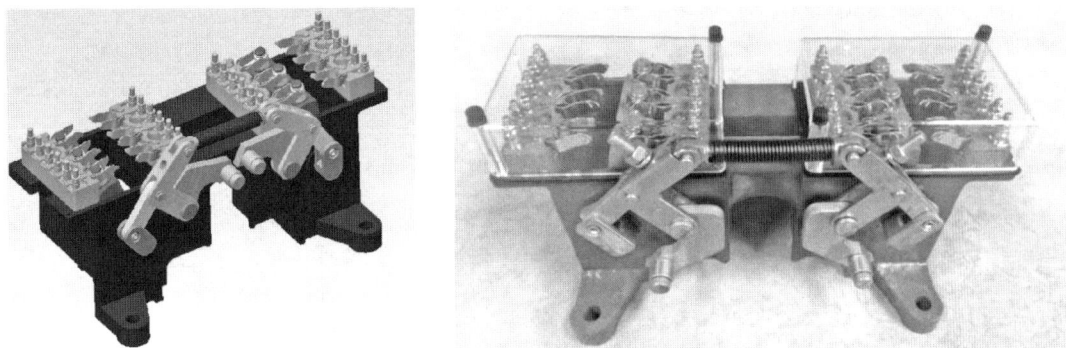

图 4-11 自动开闭器

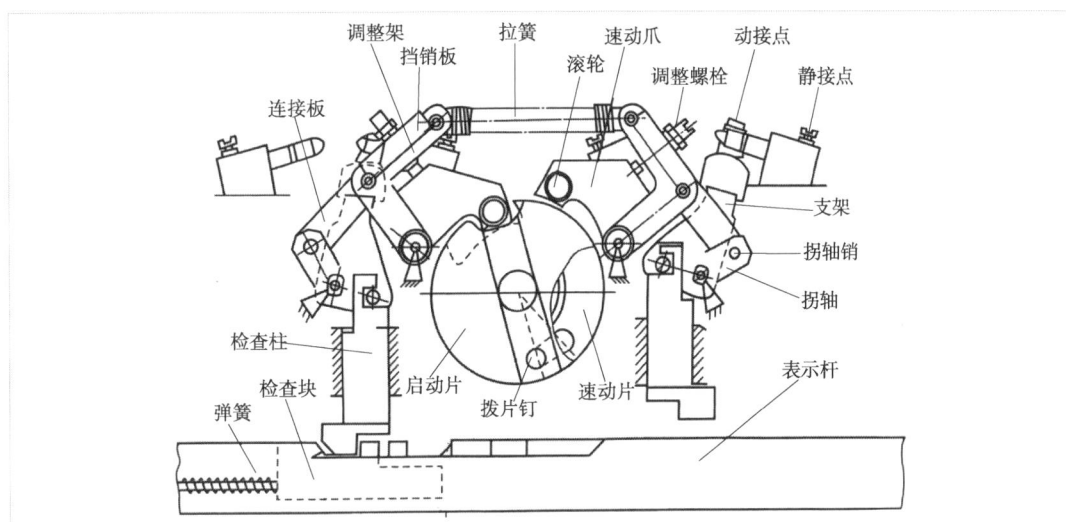

图 4-12 自动开闭器与表示杆的动作关系

二、ZD6 系列电动转辙机安装

（1）ZD6 系列电动转辙机动作杆由底壳右侧伸出的（面向电动机处）称为右伸，相反则称为左伸，如图 4-13 所示。默认出厂设置为右伸，在道岔上如需左伸，将动作杆、表示杆倒换方向即可，并注意挤切销的安装位置，靠近动作杆扁头部的销为主销，靠近动作杆尾部的销为副销。

（2）安装时要请工务部门配合，将拉杆、轨距、枕木间距、尖轨动程等调整到规定的标准值，尖轨爬行量、道岔转换阻力等应不超过规定的标准值。

（3）安装时要先检查转辙机安装装置是否调整合适。

（4）转辙机安装后，动作杆、表示杆应垂直于直股基本轨。

（5）转辙机动作杆与密贴调整杆连接要平顺，无别卡现象。

（6）安装完成后应保证道岔在定位或反位，检查柱落入检查块缺口的尺寸必须符合《铁路信号产品维护规则》的相关要求。尖轨之一必须密贴基本轨，在拉杆接头铁处，尖轨与基本轨间有 4mm 及以上间隙时,转辙机不得锁闭和接通表示电路。

a) 左伸　　　　　　　　　　　　　　　　b) 右伸

图 4-13　ZD6 系列电动转辙机动作杆伸出方向

(7)为保证挤切销的正常和安全使用,在新铺道岔上首次安装转辙机的过程中,不得用里面的主挤切销做密贴和故障调整试验。

(8)如需调整转辙机内表示杆的动程,应先将转辙机摇至伸出位置,调整尖轨的密贴调整杆,使表示杆伸出端的检查柱落入检查块缺口,并达到(1.5 ±0.5)mm 的侧隙要求,再将转辙机摇入,取下表示杆罩筒,调整调节螺栓,使拉入端的检查柱落下,并达到(1.5 ±0.5)mm 的侧隙要求。

任务二 ZD6 系列电动转辙机及道岔检修作业

一、作业目的

发现并消除设备缺点、隐患,确保设备质量符合技术标准。

二、作业安全注意事项及风险提示

1. 注意事项

(1)按规定穿戴好绝缘鞋和防护服,做好劳动安全防护。

(2)作业前由作业负责人详细说明施工人员分工、作业要求、作业项目、试验内容及安全卡控措施等。

(3)作业前检查工具、仪表是否齐全良好,并正确使用。

(4)严禁超范围作业,如调整道岔密贴等。

2. 风险提示

(1)做好各部螺栓紧固、转辙机、杆件、安装装置检查,防止机械性能失效。

(2)做好各部螺栓、转辙机、密检器内部检查,防止道岔失表、电气特性失效。

(3)做好道岔转辙部位检查,防止道岔转换不到位发生故障。

(4)严格按规定做好室内外防护工作,牢记相关劳动安全要求,防止设备运作及车辆造成人身伤害。

(5)严格按规定进行手摇把申请和归还,防止手摇把管理失控。

(6)作业时认真细致,作业后对作业处进行认真检查,并对相关材料及工具进行复核,防止现场遗留工具、材料,消除异物,防止被夹。

三、作业内容

(1)检查道岔密贴和尖轨肥边情况。

(2)检查安装装置有无损伤。

(3)检查表示杆缺口有无变化。

(4)检查设备有无外界干扰,检查加锁装置是否良好。

(5)检查箱盒有无破损、漏水,防尘罩是否安装良好。

(6)检查基础有无破损,粉饰是否良好。

（7）检查外部螺栓是否松动，开口销是否齐全、标准，蛇管是否安装良好。

（8）基础面、设备外部清扫、注油。

（9）滑床板清扫、注油。

（10）检查转辙机内部机件有无松动、断裂、损坏和异状，防尘是否良好，有无漏水情况，各部螺栓是否紧固。

（11）检查速动爪和速动片间隙、动接点与静接点座间隙、动静接点片接触深度是否符合标准。

（12）检查整机动作有无异状，电刷有无松动、有无过大火花。

（13）检查配线是否良好，标牌、图表是否齐全、准确。

（14）检查表示杆缺口是否符合标准，发现不良应调整。

（15）机内清扫、注油。

（16）进行扳动试验，2mm 锁闭，4mm 不锁闭，确认道岔有无表示，表示是否正确。

（17）安装装置及各连接杆绝缘检查测试，发现不良应分解检查、更换。

（18）检查移位接触器动作情况。

四、作业工具及材料

作业工具及材料清单见表4-1。

作业工具及材料清单   表4-1

名称	规格	单位	数量	备注
手锤		把	1	
试验锤(片)	2mm/4mm	把	1	
转辙机钥匙		把	1	
转辙机专用套筒扳手		套	1	
拔销专用工具		套	1	
套筒扳手	5mm、6mm	把	各1	
活口扳手	150mm、250mm、300mm	把	各1	450mm（按需）
梅花扳手	27mm/30mm	把	1	22mm/24mm（按需）
钢卷尺	3m	把	1	
一字螺丝刀	75mm、150mm、250mm	把	各1	
十字螺丝刀	75mm、150mm、250mm	把	各1	
尖嘴钳		把	1	
斜口钳		把	1	
克丝钳		把	1	

续上表

名称	规格	单位	数量	备注
长嘴钳		把	1	
钢丝刷		把	1	
扁油刷	1.5寸	把	2	其中1把将金属部分进行绝缘包扎(扫灰用)
铲刀		把	1	
安全木		个	1	
万用表		块	1	
对讲机		台	1	也可使用小电话
润滑油壶		个	1	
万可端子专用小号螺丝刀		把	1	按需
机油			适量	
开口销	3mm、4mm、5mm	个	若干	
棉纱		g	适量	
白布		块	1	
接点擦拭麂皮		块	1	
防松铁丝	直径1.6mm	m	适中	
道岔手摇把		把	1	需要时申请
螺栓、垫片	各种规格	个	若干	

五、作业前准备

1. 预测预判

(1)访问值班员,了解近期道岔扳动情况。

(2)通过微机监测、视频缺口监测等手段,对被检修道岔进行调阅分析,针对可能存在的问题,提出检修要求。

2. 作业安排

明确检修作业负责人、室内外防护员、作业人员、作业时间、作业地点、检修分工、巡检要求和安全预想。

3. 工器具及材料准备

按照作业项目及材料清单准备好工具、仪表及材料,准备开箱钥匙、照明用品、防护用具。

4. 着装准备

穿戴好防护服、绝缘鞋。

六、登记联系

(1)驻站联络员携带作业调度命令、作业派工单提前 40min(高铁提前 60min)到车站信号楼,经车站值班员签字确认,双调度命令下达后开始工作;在值台联系过程中必须认真执行驻站联络员作业标准,密切监视列车运行情况,及时通知现场防护员,并填写驻站防护控制表。

(2)驻站联络员必须按照《技规》《行规》《维规》有关要求和电务部门作业在运统-46 上登记、销记用语样板,在运统-46(施工)内登记。

七、作业流程及标准

1.一看:看五项内容

确认室内外道岔一致性后,一看转辙机是否方正;二看各类杆件是否平直、与工务枕木平行;三看各类螺栓是否紧固,防松扎线、开口销是否齐全;四看各类箱盒、机壳是否标识齐全、无损伤裂纹、引线无脱落;五看外部是否有影响设备正常使用的杂物(如石渣、废弃物等)。

2.二扳:观察扳动过程

打开转辙机外壳,观察道岔扳动过程中三项内容:一是解锁、转换和锁闭过程是否动作顺畅,二是电机电刷间有无过大火花,三是有无杆件别卡和销孔旷量过大。

3.三测量:测量四项标准

(1)道岔各牵引点开程测量。

第一牵引点开程测量,测量点为尖轨第一连接杆处,用钢卷尺头部顶住基本轨,并与基本轨垂直,与尖轨相交处的读数为尖轨开程;第二(三)牵引点开程测量,测量点为相应牵引点处连接杆,用钢卷尺头部顶住尖轨作用面,并与尖轨垂直,与基本轨作用面的读数就是该牵引点处的开程,如图 4-14 所示。

(2)空动距离(游间)测量。

空动距离(游间)测量方法:将钢卷尺头部顶在象鼻铁边缘,与密贴调整螺母边缘的距离即为游间,如图 4-15 所示。

(3)用不同厚度的试验棒(铁)测试道岔密贴,如图 4-16 所示。

(4)完成相关电气特性测试,如图 4-17 所示。

4.四检修:检修九个项目(检查项目可同时进行,无顺序要求)

(1)箱盒、转辙机内部检查。

(2)申请摇动道岔检查摇动过程的状态。

(3)道岔开程、密贴、表示杆缺口、故障电流等按需调整。

图 4-14　开程测量

图 4-15　空动距离(游间)测量

图 4-16　道岔密贴测试

图 4-17　电气特性测试

（4）安装装置、杆件、轨距杆绝缘检查。

（5）各部螺栓紧固,弹垫作用良好,销孔旷量不超标。

（6）自动开闭器动静接点表面擦拭。

（7）摩擦联结器弹簧、自动开闭器动静接点动作及插入深度检查。

（8）工务状态检查:检查尖轨、基本轨状态,滑床板,顶铁,基本轨工务轨距铁,尖轨根部间隔铁,等等,如图 4-18 所示。

图 4-18　工务状态检查

（9）在检修的同时,对各杆件、活动部位和滑床板等进行清扫,检查老化、损伤、裂纹并注油。

5. 五复验:复验四个环节

(1)开口销、防松扎线不缺少,道岔转换无异样,表示杆缺口符合标准。

(2)填写检修卡后按要求对转辙机、箱盒进行加锁,加盖防尘罩并防掀良好。

(3)做好道岔相关参数的记录并纳入一岔一档管理。

(4)清点工具、材料,清理周围杂物等,做到现场工完料清。

复验后,对发现的结合部问题,联系工务部门进行整修。

八、销记

(1)检修完毕,作业人员检查,确认无工具及材料遗漏、设备运行正常、控制台无异常后申请销记。

(2)作业人员向驻站联络员汇报作业完毕,驻站联络员会同车务人员确认设备良好后通知作业人员撤离。

(3)驻站联络员确认作业人员撤离至安全区域后,办理销记。

九、小结

作业完毕,作业负责人组织召开班后总结会,作业人员汇报任务完成情况和设备质量情况,将检修发现的未能解决的问题纳入问题库记录下来,及时进行整治,做到闭环管理。

任务三 认识 S700K 型电动转辙机

一、S700K 型电动转辙机概述

S700K 型电动转辙机是从德国西门子公司引进的设备。产品代号源自"Siemens-700-Kugelgewinde",其含义为"西门子公司具有 6860N（700kgf）保持力、带有滚珠丝杠的电动转辙机"。

二、S700K 型电动转辙机结构及部件

S700K 型电动转辙机由外壳、动力传动机构、检测和锁闭机构、安全装置、配线接口五大部分组成,结构如图 4-19 所示,实物如图 4-20 所示。

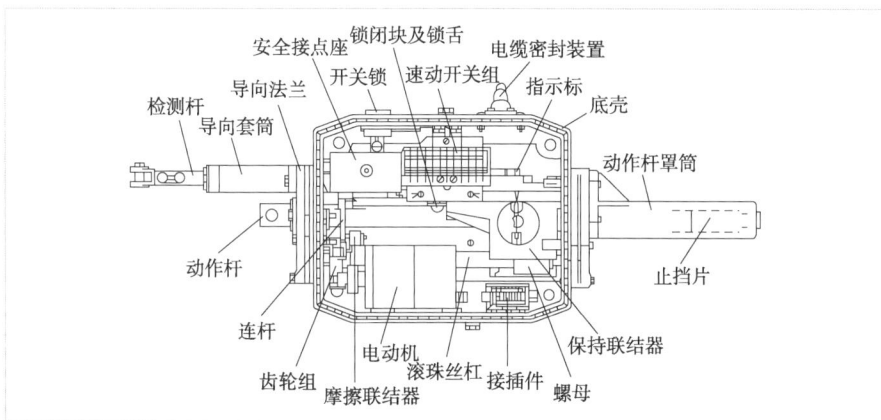

图 4-19 S700K 型电动转辙机结构示意图

1.电动机

采用三相交流电动机为转辙机提供动力,如图 4-21 所示。

图 4-20 S700K 型电动转辙机实物

图 4-21 电动机

2. 齿轮组

齿轮组由摇把齿轮、电动机齿轮、中间齿轮及摩擦联结器齿轮组成,如图 4-22 所示。

3. 摩擦联结器

当作用于滚珠丝杠上的转换阻力大于摩擦结合力时,主被摩擦片之间相对打滑空转从而保护了电动机,可消耗电动机转动惯性带来的电动机动作电路断开后的剩余动力,如图 4-23 所示。

图 4-22 齿轮组

图 4-23 摩擦联结器

图 4-24 滚珠丝杠

4. 滚珠丝杠

当滚珠丝杠正向或反向旋转一周时,螺母前进或后退一个螺距。这一方面将电动机的旋转运动变成滚珠丝杠的直线运动,另一方面起到减速作用,如图 4-24 所示。

5. 保持联结器与动作杆

动作杆和保持联结器连接在一起,随保持联结器的动作而动作,如图 4-25 所示。

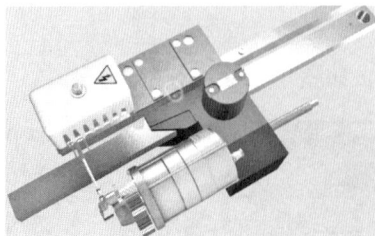

图 4-25 保持联结器与动作杆

6. 操纵板

操纵板和滚珠丝杠上的螺母连接在一起,在转辙机刚启动、螺母空动时,操纵板开始动作,将锁闭块顶入,通过锁闭块的缩入,将锁舌拉入,完成转辙机内的机械解锁。

7. 锁闭块和锁舌

锁闭块的缩入,应能可靠地断开表示接点,接通往回转换的动作接点。锁舌的缩入实现了转辙机的内部解锁。锁闭块的弹出使速动开关的有关启动接点断开及表示接点接通。锁舌的弹出用于阻挡转辙机的保持联结器的移动,实现转辙机的内部锁闭。

8. 检测杆

检测杆随尖轨转换而移动,用来监督道岔在终端位置时的状态。

9. 速动开关组(TS-1 型接点系统)

速动开关组主要用来监督道岔工作状态,给出道岔定位和反位的表示,如图 4-26、图 4-27 所示。

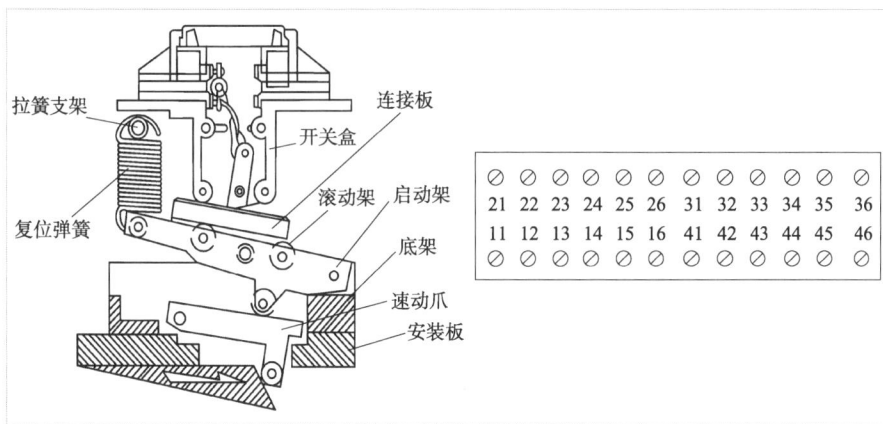

图 4-26　TS-1 型接点系统

10. 安全接点座

安全接点座如图 4-28 所示。

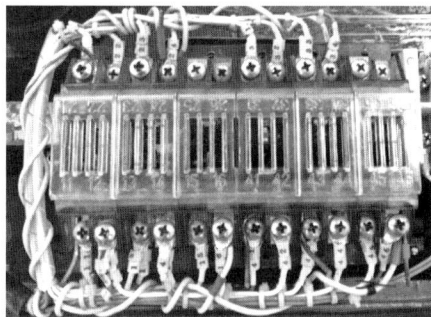

图 4-27　TS-1 型接点系统外观

图 4-28　安全接点座

11. 开关锁

开关锁如图 4-29 所示。

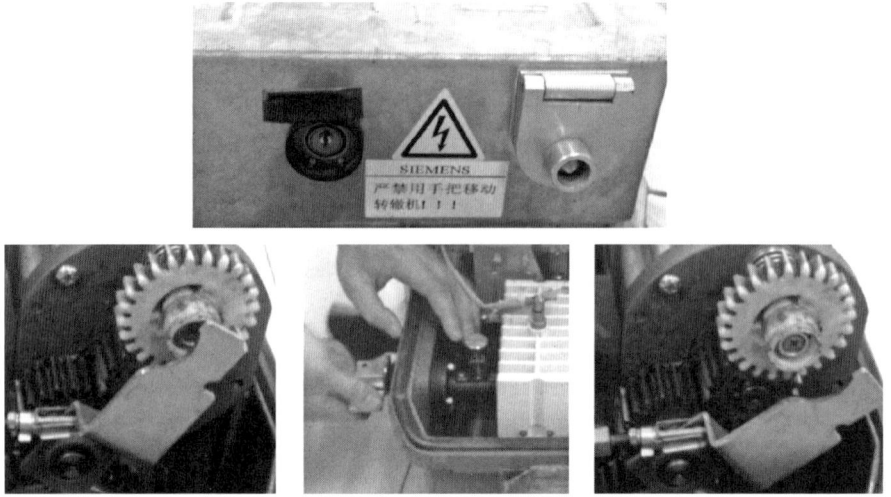

图 4-29　开关锁

任务四　S700K型电动转辙机及道岔检修作业

一、作业目的

通过信号工的检修,对S700K道岔的电气和机械性能按作业标准进行检查后,确保在一定的时间周期内,S700K道岔各项性能符合行车安全的要求。

二、作业安全注意事项及风险提示

1.注意事项

(1)与驻站联络员、现场防护员互试联络工具,确保联络工具良好。

(2)穿好工作服、绝缘鞋、防护服(夜间作业必须穿反光防护服),高压作业必须使用高压绝缘手套、绝缘胶鞋、绝缘垫,冬季室外作业所戴防寒帽应有耳孔。

(3)作业途中应走路肩,在道床上行走或作业时,应不断前后瞭望。

(4)在电气化区段,身体及所持工具须与牵引供电设备高压带电部分保持2m以上的距离,与回流线、架空地线、保护线保持1m以上的距离。

2.风险提示

(1)做好各部螺栓紧固、转辙机、杆件、安装装置检查,防止机械性能失效。

(2)做好各部螺栓、转辙机、密检器内部检查,防止道岔失表、电气特性失效。

(3)做好道岔转辙部位检查,防止道岔转换不到位发生故障。

(4)严格按规定做好室内外防护工作,牢记相关劳动安全要求,防止设备运作及车辆造成人身伤害。

(5)严格按规定进行手摇把申请和归还,防止手摇把管理失控。

(6)作业时认真细致,作业后对作业处进行认真检查,并对相关材料、工具进行复核,防止现场遗留工具、材料,消除异物,防止被夹。

三、作业内容

(1)检查道岔密贴情况,各部件有无破损,尖轨、基本轨、心轨、翼轨竖切部分有无肥边,尖轨有无离隙、翘头、拱背。

（2）检查安装装置有无损伤。

（3）检查表示杆是否变形（错位/张口），缺口有无变化。

（4）检查设备有无外界干扰，加锁装置是否良好。

（5）检查箱盒有无破损、漏水，防尘罩是否安装良好。

（6）检查基础有无破损，粉饰是否良好。

（7）检查外部螺栓是否松动，开口销是否齐全、标准，引入管是否安装良好。

（8）基础面、设备外部清扫、注油。

（9）滑床板清扫、涂油。

（10）进行扳动试验。

（11）检查安装装置及各连接杆绝缘性。

（12）检查表示杆及转辙机动作杆与锁闭杆、连接杆是否油润良好、无锈蚀。

（13）检查转辙机动作杆与锁闭杆、连接杆是否在一条直线上，锁闭杆与锁闭框是否不别劲。

（14）检查锁钩锁闭是否良好、不别劲。检查锁钩、锁钩连接轴、锁闭杆及锁闭铁是否保持清洁、油润、无锈蚀，锁钩与锁钩连接轴横向滑动是否良好。

四、作业工具及材料

作业工具及材料清单见表4-2。

作业工具及材料清单　　　　　　　　　　　　　　表4-2

名称	规格	单位	数量	备注
手锤		把	1	
试验锤（片）	2mm/4mm	把	1	
转辙机钥匙		把	1	
转辙机专用套筒扳手		套	1	
套筒扳手	5mm、6mm	把	各1	
活口扳手	150mm、250mm、300mm	把	各1	450mm（按需）
梅花扳手	27mm/30mm	把	1	按需
呆扳手	27mm/30mm	把	1	
钢卷尺	3m	把	1	
塞尺		把	1	
水平尺		把	1	
一字螺丝刀	75mm、150mm、250mm	把	各1	

续上表

名称	规格	单位	数量	备注
十字螺丝刀	75mm、150mm、250mm	把	各1	
尖嘴钳		把	1	
斜口钳		把	1	
克丝钳		把	1	
长嘴钳		把	1	
钢丝刷		把	1	
扁油刷	1.5寸	把	2	其中1把将金属部分进行绝缘包扎(扫灰用)
铲刀		把	1	
安全木		个	1	
万用表		块	1	
对讲机		台	1	也可使用小电话
润滑油壶		个	1	
专用润滑脂		瓶	1	
万可端子专用小号螺丝刀		把	1	按需
机油			适量	
开口销	3mm、4mm、5mm	个	若干	
棉纱			若干	
白布		块	1	
接点擦拭麂皮		块	1	
防松铁丝	直径1.0mm、1.6mm	m	适中	
道岔手摇把		把	1	需要时申请

五、作业前准备

1. 预测预判

(1)访问值班员,了解近期道岔扳动情况。

(2)通过微机监测、视频缺口监测等手段,对被检修道岔进行调阅分析,针对可能存在的问题,提出检修要求。

2. 作业安排

明确检修作业负责人、室内外防护员、作业人员、作业时间、作业地点、检修分工、巡检要求和安全预想。

3. 工器具及材料准备

按照作业项目及材料清单准备好工具、仪表及材料,准备开箱钥匙、照明用品、防护用具。

4．着装准备

穿戴好防护服、绝缘鞋。

六、登记联系

（1）驻站联络员携带作业调度命令、作业派工单提前40min（高铁提前60min）到车站信号楼，经车站值班员签字确认，双调度命令下达后开始工作；在值台联系过程中必须认真执行驻站联络员作业标准，密切监视列车运行情况，及时通知现场防护员，并填写驻站防护控制表。

（2）驻站联络员必须按照《技规》《行规》《维规》有关要求和电务部门作业在运统-46上登记、销记用语样板，在运统-46（施工）内登记。

七、作业流程及标准

1．一看：看五项内容

确认道岔一致性后，一看转辙机是否方正；二看各类杆件是否平直、与工务枕木平行，如图4-30所示；三看各类螺栓是否紧固，防松扎线、开口销是否齐全；四看各类箱盒、机壳是否标识齐全、无损伤裂纹、引线无脱落；五看外部是否有影响设备正常使用的杂物（如石渣、辊轮、工务防跳器、废弃物等），如图4-31所示。

图4-30　看各类杆件　　　　　　　图4-31　看外部

2．二扳：观察扳动过程

打开转辙机、密检器盖，观察道岔扳动过程中四项内容：一是解锁、转换和锁闭过程是否动作顺畅，有无异音；二是TS-1型接点系统有无严重拉弧现象；三是有无杆件别卡和销孔旷量过大；四是密检器是否正常。

3．三测量：测量五项标准

一是道岔各转辙点开程及定反位偏差测量，二是各点锁闭量测量，三是用塞尺测量密贴间隙，四是用不同厚度的试验棒（铁）测试道岔密贴，五是完成相关电气特性测试。

4.四检修:检修九个项目(检查项目可同时进行,无顺序要求)

(1)箱盒、转辙机、密检器内部检查。

(2)根据需要,申请摇动道岔检查转换过程的状态。

(3)道岔锁闭框、销轴、密贴、开程、锁闭量、表示杆缺口等按序、按需调整。

(4)杆件、轨距杆绝缘检查。

(5)各部螺栓紧固,弹垫作用良好,销孔旷量不超标。

(6)TS-1型接点系统表面擦拭。

(7)密检器内部弹簧、动静接点动作及插入深度检查。

(8)工务状态检查:检查尖轨、基本轨状态,防跳器,顶铁、辊轮间隙,滑床板,基本轨工务轨距铁,尖轨根部间隔铁,等等,如图4-32所示。

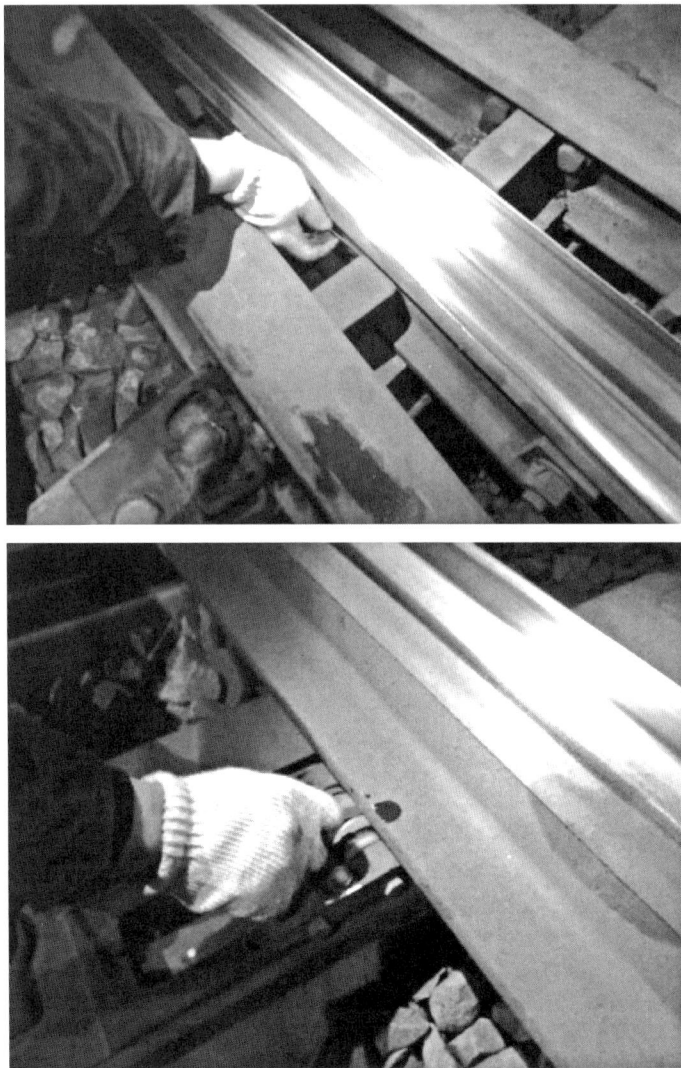

图4-32 顶铁间隙和辊轮间隙检查

(9)在检修的同时,对各杆件、活动部位和滑床板等进行清扫,检查老化、损伤、裂纹并注油。

5.五复验:复验四个环节

(1)开口销、防松扎线不缺少,道岔转换无异常,表示杆缺口符合标准。

(2)填写检修卡后按要求对转辙机、密检器、箱盒进行加锁,加盖防尘罩并防掀良好。

(3)做好道岔相关参数的记录并纳入一岔一档、电气特性管理。

(4)清点工具、材料并清除周围杂物等,做到现场工完料清。

八、销记

(1)检修完毕,作业人员检查,确认无工具及材料遗漏、设备运用正常、控制台无异常后申请销记。

(2)作业人员向驻站联络员汇报作业完毕,驻站联络员会同车务人员确认设备良好后通知作业人员撤离。

(3)驻站联络员确认作业人员撤离至安全区域后,办理销记。

九、小结

作业完毕,作业负责人组织召开班后总结会,作业人员汇报任务完成情况和设备质量情况,将检修发现的未能解决的问题纳入问题库记录下来,及时进行整治,做到闭环管理。

任务五 认识 ZY(J)7 型电液转辙机

一、ZY(J)7 型电液转辙机结构

ZY(J)7 型电液转辙机由 ZY(J)7 型电液转辙机(亦称主机,用于第一牵引点)和 SH6 型
转换锁闭器(亦称副机,用于第二、第三等牵引点)
组成。主机与副机共用一套动力系统,两者间用油
管相连,如图 4-33 所示。

ZY(J)7 型电液转辙机的主机主要由电动机、
油泵、油缸、接点组、动作杆等组成,如图 4-34 所示。

SH6 型转换锁闭器主要由油缸、挤脱接点组、表
示杆、动作杆等组成,如图 4-35 所示。

ZY(J)7 型电液转辙机外部结构如图 4-36
所示。

图 4-33 ZY(J)7 型电液转辙机

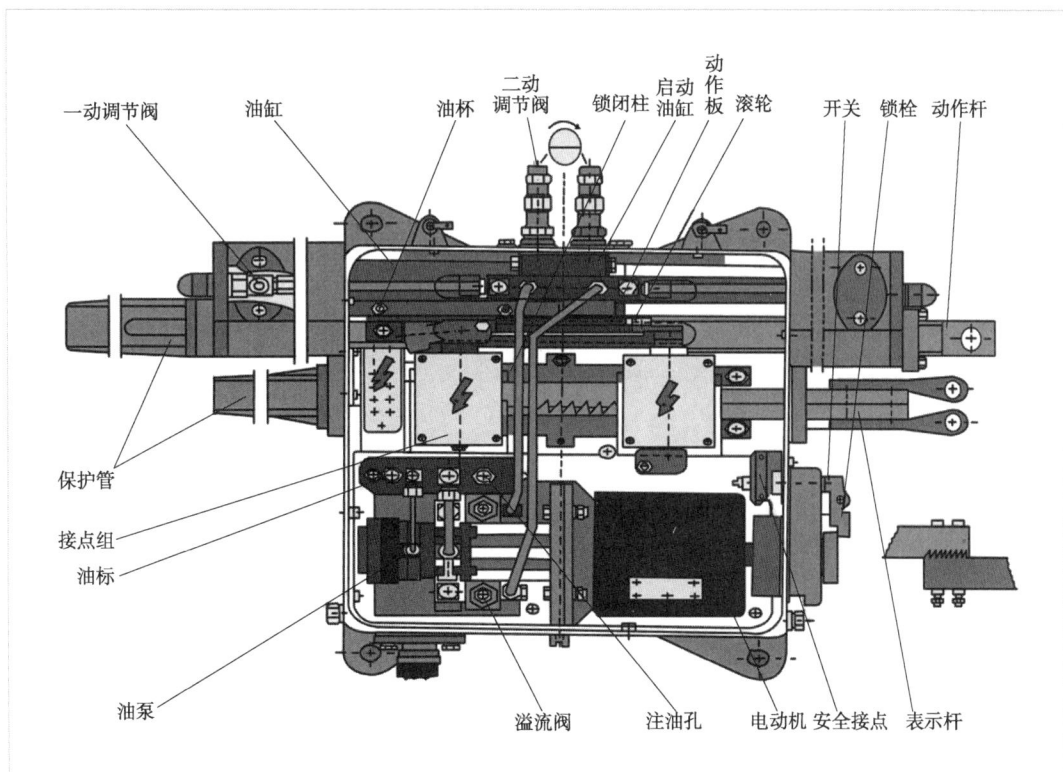

图 4-34 ZY(J)7 型电液转辙机主机结构

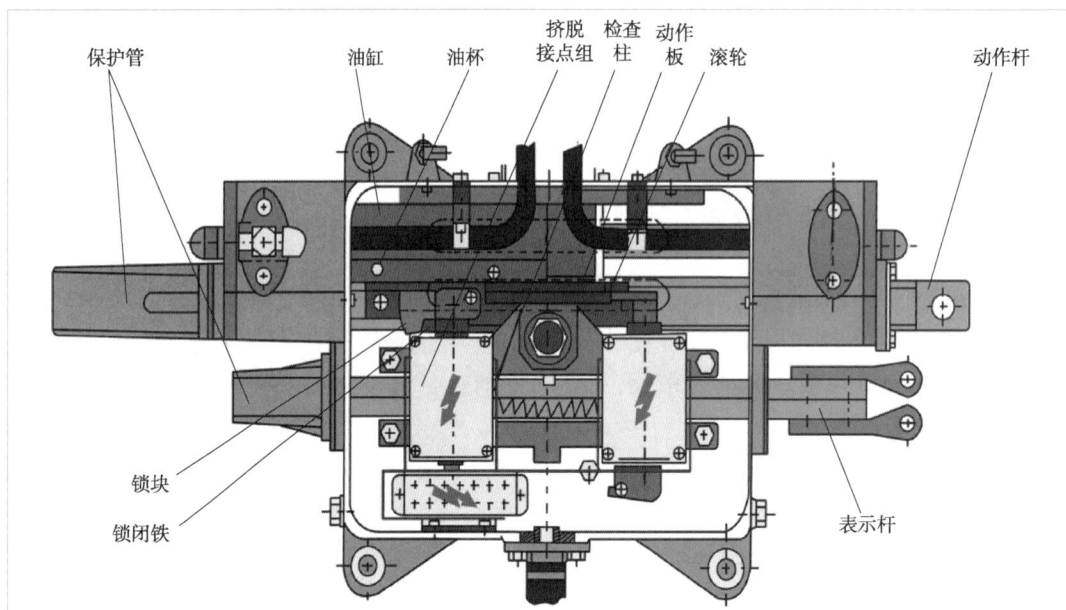

图 4-35　ZY(J)7 型电液转辙机副机结构

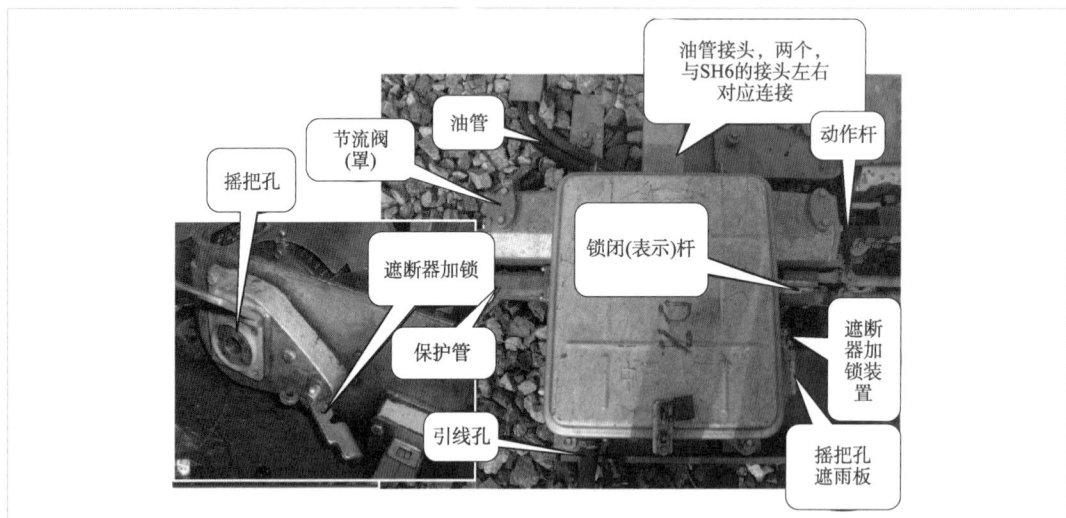

图 4-36　ZY(J)7 型电液转辙机外部结构

二、ZY(J)7 型电液转辙机部件

ZY(J)7 型电液转辙机主要部件如图 4-37 所示。

1. 电动机

采用三相交流电动机,型号为 Y90S-6-5B35,额定电压 380V,额定电流 2.2A。电动机将电能转变为机械能,为整机提供动力。

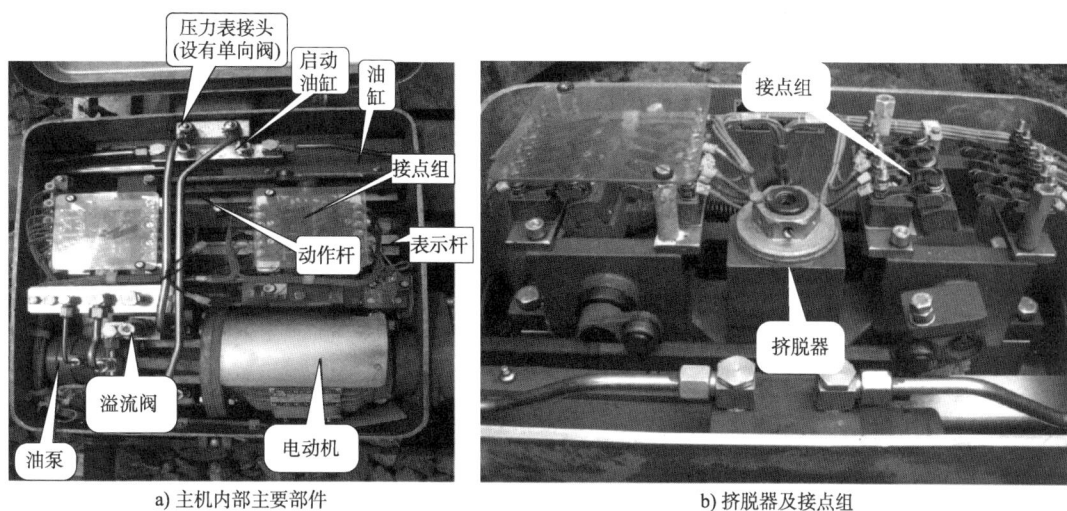

a) 主机内部主要部件　　　　　　　　b) 挤脱器及接点组

图 4-37　ZY(J)7 型电液转辙机主要部件

2. 油泵

采用双向斜盘轴向柱塞式油泵。

3. 油缸

油缸由活塞杆、缸座、缸筒、缸套、接头体、连接螺栓和密封圈组成。油缸用来将注入缸内的液压力转换为机械力,推动尖轨或心轨转换。

4. 启动油缸

启动油缸由缸体、缸筒、柱塞、垫圈及 O 形圈组成。启动油缸由两个接头阀将油路板与缸体上的两个孔连接起来,使得其在油路中与油缸并联。柱塞和缸筒位于启动油缸内。启动油缸的作用是在电动机刚启动时施加一个小的负载,待转速提高、力矩增大时再带动负载,来解决交流电动机启动性能不足的问题。

5. 压力表接头(设有单向阀)

单向阀由阀体、空芯螺栓、钢球、O 形圈、挡圈等组成。单向阀能使正向的液压油流畅通,反向的液压油流则不能通过。拆装压力表时通过软线接头上的调整杆打开或关闭单向阀。

6. 溢流阀

溢流阀主要由阀体和阀芯等组成,溢流阀的作用是通过调整弹簧弹力,保证油路中液压油的压力不超过一定的限值,以防止道岔转换受阻,电动机电源未断开时油路中油液压力不断升高而损坏各部液压件;当道岔转换到位而电动机仍没有停转时,使高压油释放压力,经回油管回油箱。

7. 动作杆

方形动作杆上装有两个活动锁块,与油缸侧面的推板配合工作。

8. 表示(锁闭)杆

转辙机内设两根锁闭杆,通过外表示杆各连一根尖轨。每根锁闭杆有两个垂直缺口,一个对应尖轨密贴位置,另一个表示同尖轨斥离。ZY(J)7 型电液转辙机具有挤岔监督功能时,锁闭杆改为检查表示杆。

9. 接点组

电液转辙机可采用普通自动开闭器,也可采用沙尔特堡 S800aW40 速动开关。

10. 挤脱器

挤脱器安装在 SH6 型转换锁闭器上。挤脱器与锁闭铁经定力机构与机壳连在一起。当道岔被挤时,转换接点组断开表示电路,及时给出表示。

ZY(J)7转辙机传动

任务六　ZY(J)7型电液转辙机及道岔检修作业

一、作业目的

通过对ZY(J)7电液道岔转换设备进行检修,掌握设备运用状态,发现设备存在的问题,为后续开展设备整治提供依据。

二、作业安全注意事项及风险提示

1. 注意事项

(1)按规定穿戴好绝缘鞋和防护服,做好劳动安全防护。

(2)作业前由作业负责人详细说明施工人员分工、作业要求、作业项目、试验内容及安全卡控措施等。

(3)作业前检查工具、仪表是否齐全良好,并正确使用。

(4)严禁超范围作业,如调整道岔密贴等。

2. 风险提示

(1)做好各部螺栓紧固、转辙机、杆件、安装装置检查,防止机械性能失效。

(2)做好各部螺栓、转辙机、密检器内部检查,防止道岔失表、电气特性失效。

(3)做好道岔转辙部位检查,防止道岔转换不到位发生故障。

(4)严格按规定做好室内外防护工作,牢记相关劳动安全要求,防止设备运作及车辆造成人身伤害。

(5)严格按规定进行手摇把申请和归还,防止手摇把管理失控。

(6)作业时认真细致,作业后对作业处进行认真检查,并对相关材料、工具进行复核,防止现场遗留工具、材料,消除异物,防止被夹。

三、作业内容

(1)检查道岔密贴情况,各部件有无破损,尖轨、基本轨、心轨、翼轨竖切部分有无肥边,尖轨有无离隙、翘头、拱背。

(2)检查安装装置有无损伤。

(3)检查表示杆是否变形(错位/张口),缺口有无变化。

(4)检查设备有无外界干扰,加锁装置是否良好。

(5)检查箱盒有无破损、漏水,防尘罩是否安装良好。

(6)检查基础有无破损,粉饰是否良好。

(7)检查外部螺栓是否松动,开口销是否齐全、标准,引入管是否安装良好。

(8)基础面、设备外部清扫、注油。

(9)滑床板清扫、涂油。

(10)进行扳动试验。

(11)检查安装装置及各连接杆绝缘性。

(12)检查表示杆及转辙机动作杆与锁闭杆、连接杆是否油润良好、无锈蚀。

(13)检查转辙机动作杆与锁闭杆、连接杆是否在一条直线上,锁闭杆与锁闭框是否不别劲。

(14)检查锁钩锁闭是否良好、不别劲。检查锁钩、锁钩连接轴、锁闭杆及锁闭铁是否保持清洁、油润、无锈蚀,锁钩与锁钩连接轴横向滑动是否良好。

四、作业工具及材料

作业工具及材料清单见表4-3,作业工具及材料如图4-38所示。

作业工具及材料清单   表4-3

名称	规格、型号	单位	数量
榔头	1.5kg	把	1
道岔调整扳手	55mm	把	1
梅花扳手	27mm/30mm	把	1
活口扳手	150mm、200mm、300mm	把	各1
呆扳手	14mm/17mm、17mm/19mm	把	各1
套筒扳手	5mm、6mm、14mm/17mm	把	各1
一字螺丝刀	150mm、300mm	把	各1
十字螺丝刀	150mm、300mm	把	各1
尖嘴钳		把	1
斜口钳		把	1
克丝钳		把	1
清扫钳		把	1
塞尺		把	1
直钢尺	30mm	把	1
钢卷尺	5m	把	1

名称	规格、型号	单位	数量
缺口检查尺		把	1
密贴检查片		个	1
刮刀		把	1
毛刷	4.0cm	把	1
万用表		块	1
液压表	25MPa	块	2
液压油注油枪		把	1
道岔钥匙		把	1
安全木		个	1
机油		mL	按需
液压油	YH-10	mL	按需
棉纱		g	按需
铁丝	直径1.0mm、1.6mm	m	按需
开口销	各种规格	个	按需
眼镜布		片	按需
尼龙扎带	3mm×150mm	根	按需
电动喷壶		个	1
小油壶		个	1
接点组		个	按需
记号笔		支	1

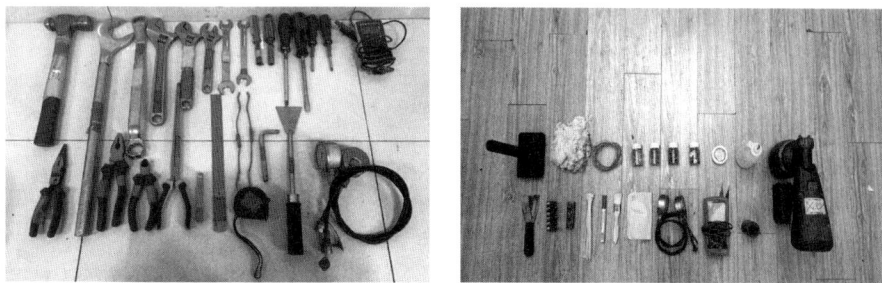

图4-38 作业工具及材料

五、作业前准备

1.预测预判

(1)值班人员调阅:值班人员通过微机监测调阅道岔运用情况,发现问题及时上报,值班工长分析道岔问题,安排人员处置。

（2）作业组长调阅：通过微机监测、缺口监测等手段，对被养护道岔进行调阅分析，对于道岔变化较大的做出分析并记录，针对可能存在的问题上报当天派班工长，派班工长进行分析，做出安全提示，提出养护要求。

2. 作业安排

（1）作业负责人布置检修任务，明确作业地点、作业时间及相关人员分工，并做出安全提示。

（2）由安全员（或作业负责人指定人员）结合当天具体工作开展针对性安全预想，布置劳动安全和行车安全的具体措施。

（3）作业组长根据安排预想当日作业流程，有疑问及时询问工长，工长进行答疑，并在派班会上再次对疑问点进行风险提示。

3. 工器具及材料准备

按照作业项目及材料清单准备好工具、仪表及材料，准备开箱钥匙、照明用品、防护用具、备品备件（密贴调整片、开程调整片）。

4. 着装准备

穿戴好防护服、绝缘鞋。

六、登记联系

（1）驻站联络员携带作业调度命令、作业派工单提前 40min（高铁提前 60min）到车站信号楼，经车站值班员签字确认，双调度命令下达后开始工作；在值台联系过程中必须认真执行驻站联络员作业标准，密切监视列车运行情况，及时通知现场防护员，并填写驻站防护控制表。

（2）驻站联络员必须按照《技规》《行规》《维规》有关要求和电务部门作业在运统-46 上登记、销记用语样板，在运统-46（施工）内登记。

七、作业流程及标准

1. 外部检修

（1）设备外观检查，如图 4-39 所示。

①设备箱盒铭牌齐全、清晰、正确。

②箱盒无裂纹，油饰、加锁良好，蛇管、胶管完好、不脱落。

③箱盒基础无影响强度的裂纹，不倾斜。

④设备硬面化清洁、无杂草。

⑤信号电缆不外露。

⑥槽钢完整、支架固定良好，油管接头无渗油、漏油，如图 4-40 所示，油管弯曲半径大于 150mm。

图 4-39 外观检查

图 4-40 油管检查

（2）转辙机两端与基本轨垂直偏差不大于 10mm；各杆件的两端与基本轨的垂直偏差不大于 20mm，水平方向的两端高低偏差不大于 10mm。

（3）安装装置检查。

①托板、锁闭框、钩头、锁闭铁、尖端铁、锁闭杆等外观完好，如图 4-41 所示。

②锁钩、锁闭杆能左右适度摆动，锁钩与锁闭铁斜面自然吻合，间隙不大于 0.5mm，如图 4-42 所示。

③安装装置无损伤，各类绝缘无破损，如图 4-43 所示。

图 4-41　托板检查

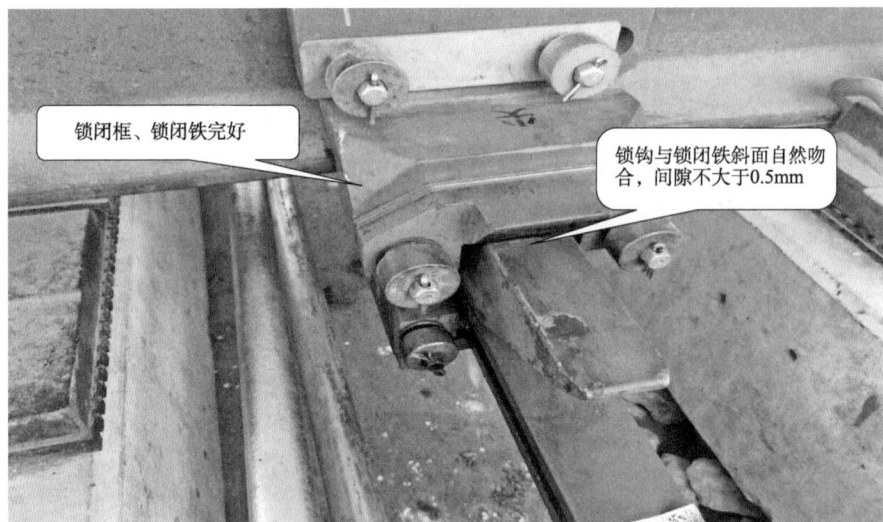

图 4-42　锁闭装置检查

（4）防松检查。

外部螺栓防松标识齐全、螺栓无松动，开口销、防松扎线齐全，开口销劈开角度为 60°~120°，长度不大于螺母外径 5mm，如图 4-44、图 4-45 所示。

图 4-43　安装装置绝缘检查

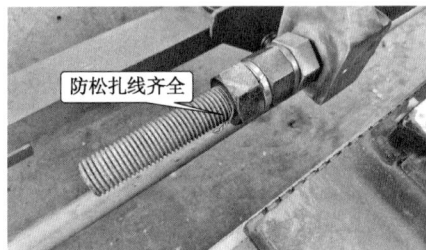

图 4-44　外部螺栓防松检查

（5）杆件净空、销孔旷量、丝扣余量检查。

①穿越轨底的各种杆件，距轨底的净距离应大于10mm，如图4-46所示。

②表示杆销孔旷量小于0.5mm，其他杆件销孔旷量小于1mm，如图4-47所示。

③各类杆件的内外螺纹调整余量大于10mm。

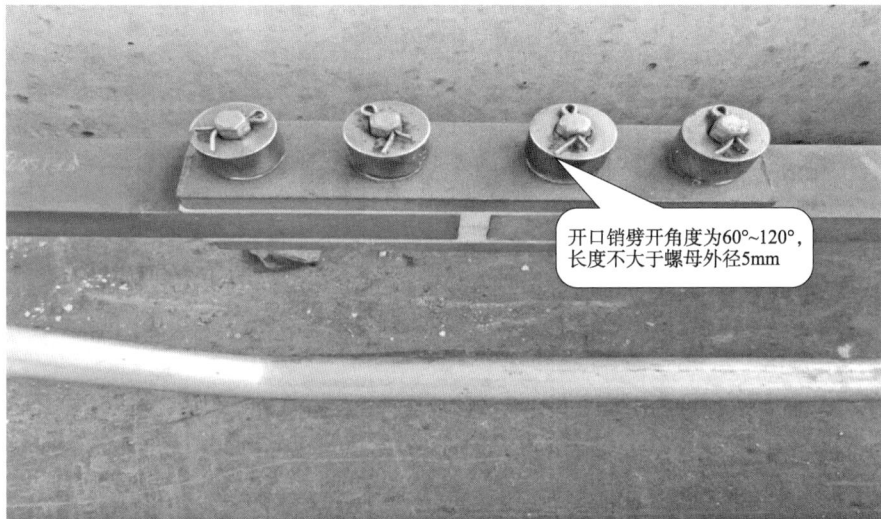

开口销劈开角度为60°~120°，长度不大于螺母外径5mm

图4-45　开口销检查

穿越轨底的各杆件距轨底的净距离大于10mm

图4-46　杆件距轨底的净距离检查

（6）滑动面、摩擦面、限位块、导向销检查。

①锁闭铁、锁钩与锁闭杆接触的摩擦面清洁、油润，锁闭杆无凹槽，如图4-48所示。

②导向销、限位块安装紧固，限位块与锁闭框的间隙为1~3mm，如图4-49所示。

图 4-47　销孔旷量检查

图 4-48　锁钩与锁闭杆检查

图 4-49　限位块与锁闭框的间隙检查

③锁钩轴销轴向滑动良好,清洁、油润,如图4-50所示。

图4-50 锁钩轴销检查

(7)外部清扫、注油。

①对安装、锁闭装置进行全面清扫、除垢、注油,保持油润不锈、动作灵活,如图4-51、图4-52所示。

图4-51 锁钩及导向槽清扫、注油

②对心轨滑床板清扫、注油,带滚轮的尖轨部位禁止涂油,心轨部位用油壶在滑床板上注油后用毛刷涂匀,防止油流淌至滑床板胶垫上,如图4-53所示。

③用长嘴油壶在心轨后部小尖轨连接部位缝隙处适当滴入机油,如图4-54所示。

注意:严禁用毛刷直接在轨面上涂机油;用油壶滴油时尽量避免将机油洒落在轨面上,如不慎洒在轨面上,应及时用棉纱擦净。

锁闭杆凸台清扫、注油

图 4-52　锁闭杆凸台清扫、注油

心轨滑床板清扫、注油

图 4-53　心轨滑床板清扫、注油

心轨后部小尖轨连接部位缝隙处适当注油

图 4-54　心轨后部小尖轨连接部位注油

2.结合部检查

（1）开程、密贴状态、肥边检查（图4-55）。

①开程符合标准［直钢尺测量尖（心）轨非作用边与基本轨作用边之间的距离］。

②尖（心）轨至第一牵引点范围内间隙不大于0.5mm，其余部位不大于1mm。

③尖（心）轨、基本轨肥边不大于1mm。

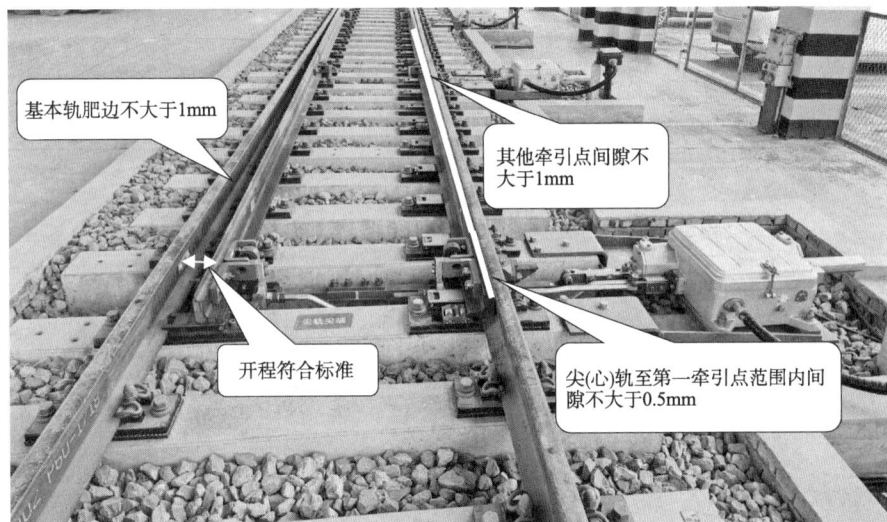

基本轨肥边不大于1mm

其他牵引点间隙不大于1mm

开程符合标准

尖（心）轨至第一牵引点范围内间隙不大于0.5mm

图4-55　开程、密贴状态、肥边检查

（2）尖（心）轨、滑床板、辊轮、防跳器等检查。

①尖（心）轨无影响道岔转换、密贴的翘头、拱曲、侧弯。

②防跳器齐全、不松脱，作用良好，如图4-56所示。尖轨存在虚开时，防跳器铁卡可与斥离尖轨轨底侧面接触，尖轨在斥离位时防跳器铁卡与斥离尖轨轨底侧面距离为3～5mm。

③滑床板无磨痕，长短心轨轨底与滑床板的间隙不大于1mm，空吊连续不超过三块，如图4-57所示。

④辊轮齐全、作用良好。尖轨轨底与滑床板密贴时，内侧辊轮高出滑床板顶面2mm，外侧辊轮高出滑床板顶面3mm；尖轨轨底与滑床板顶面存在间隙时，增加辊轮高度；密贴侧尖轨轨底与辊轮45°斜面间隙为1mm，如图4-58所示。

（3）尖（心）轨爬行量检查。

尖（心）轨基本轨爬行量不超过20mm，如图4-59所示。

（4）顶铁、间隔铁等检查。

顶铁、间隔铁、轨撑、轨距块作用良好，顶铁间隙不大于1mm，如图4-60所示。

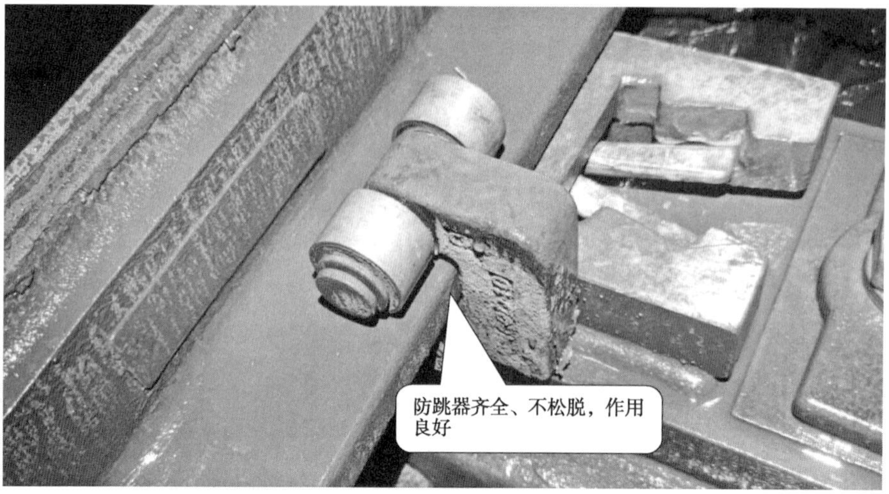

防跳器齐全、不松脱，作用良好

图 4-56　防跳器检查

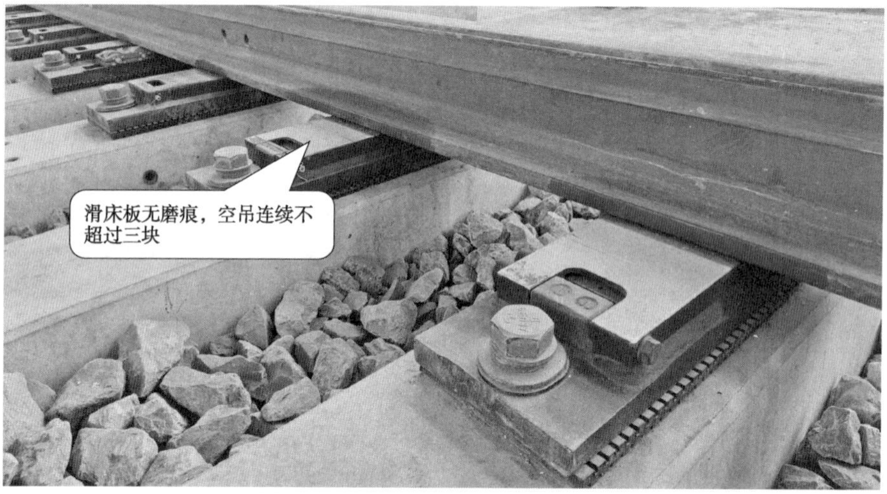

滑床板无磨痕，空吊连续不超过三块

图 4-57　滑床板检查

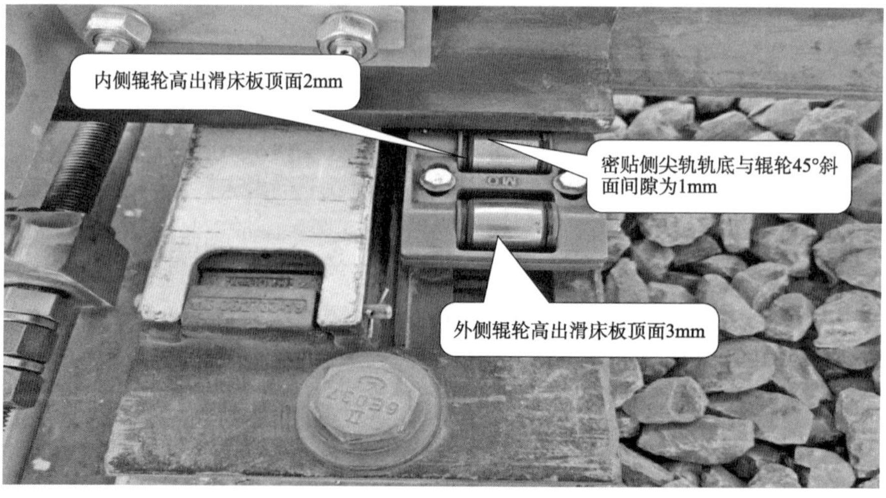

内侧辊轮高出滑床板顶面2mm

密贴侧尖轨轨底与辊轮45°斜面间隙为1mm

外侧辊轮高出滑床板顶面3mm

图 4-58　辊轮检查

图 4-59 尖(心)轨基本轨爬行量检查

图 4-60 顶铁检查

（5）三道缝检查。

①基本轨轨底边与滑床台边有缝隙，如图 4-61 所示。

②轨撑尾端与滑床板挡肩有缝隙，如图 4-62 所示。

③基本轨外侧轨颚及轨底上部与轨撑接触部分有缝隙，如图 4-63 所示。

3. 箱盒内部检查

（1）转辙机内部无进水、进潮、进灰，盘根无老化裂纹，测试记录本齐全，如图 4-64 所示。

（2）电机油泵组、油路检查。

①扳动时电机油泵无过大噪声，电机、油泵间联轴器转动不卡阻、别劲，如图 4-65 所示。

三道缝之一：基本轨轨底边与滑床台边缝隙不大于0.5mm

图 4-61　三道缝之一检查

三道缝之二：轨撑尾端与滑床板挡肩缝隙不大于2mm

图 4-62　三道缝之二检查

三道缝之三：基本轨外侧轨颚及轨底上部与轨撑接触部分缝隙不大于2mm

图 4-63　三道缝之三检查

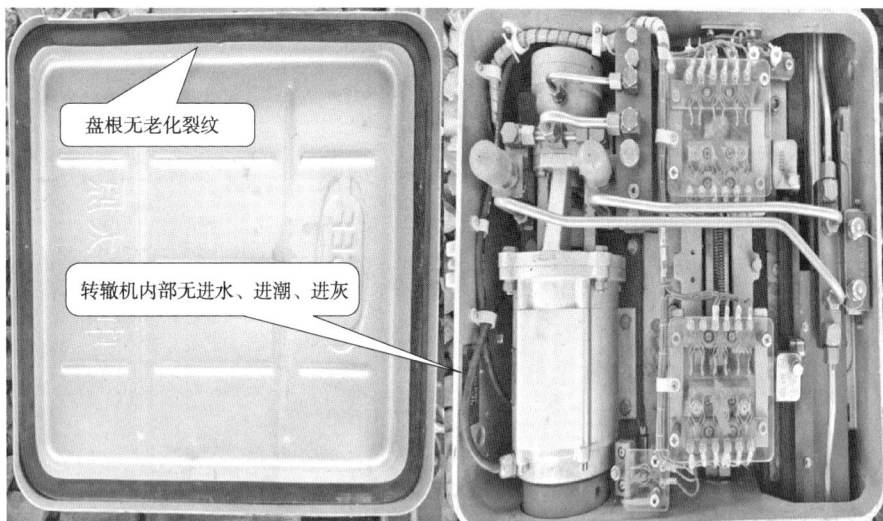

图 4-64 ZY(J)7 型电液转辙机内部防尘、防水检查

②油路系统各接头部位无漏油现象,如图 4-65 所示。

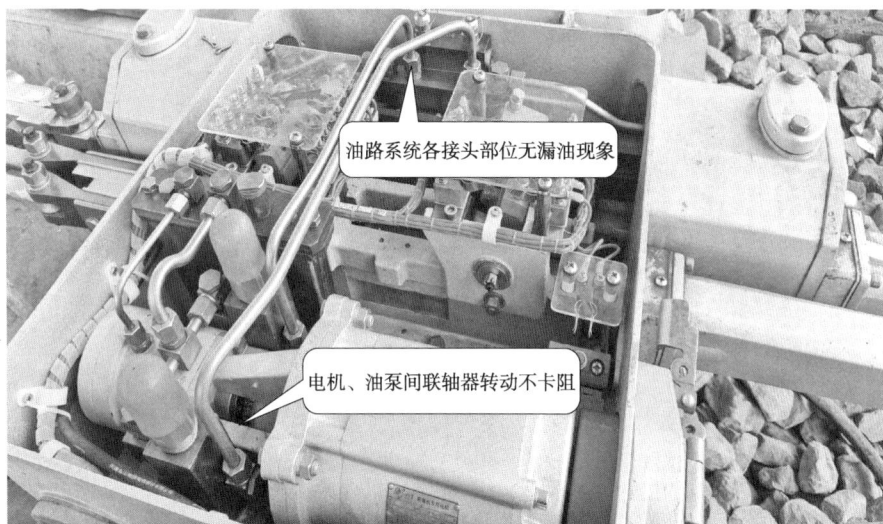

图 4-65 电机油泵组、油路检查

③道岔转换过程中动作压力不大于 6MPa,溢流压力不大于 14MPa。

④油箱油位保持在游标尺上、下标尺之间,液压油使用 YH-10 航空液空油,如图 4-66 所示。

⑤惯性轮检查:道岔转换到位后,电机停转,惯性轮继续灵活动作,无反转现象;使用手摇把固定电机轴,滑动惯性轮应动作灵活,无"抱死"或打滑现象,如图 4-67 所示。

⑥油路内泄压检查:使用手摇把向锁闭方向摇动道岔,观察压力表手摇压力不小于 8MPa。

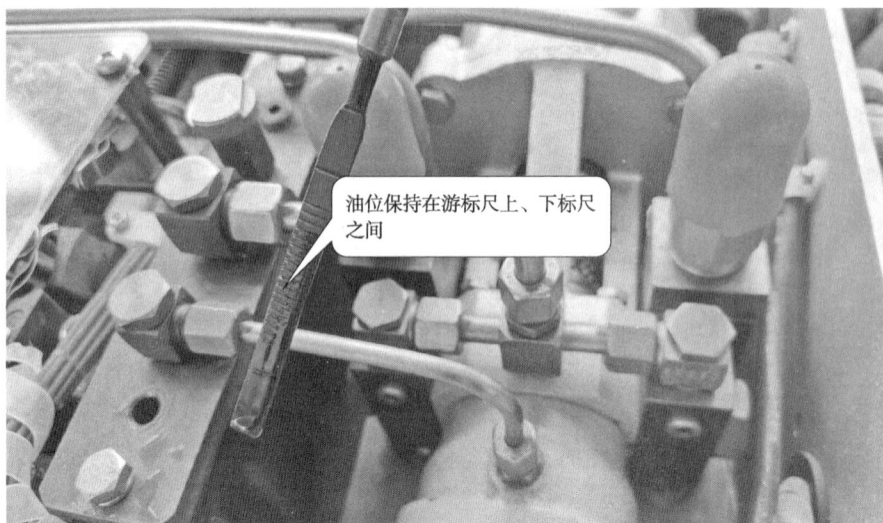

图4-66　油位检查

图4-67　惯性轮检查

（3）机内部件、配线清理及注油（图4-68）。

①机内各部螺栓紧固（检查防松标记位移变化）、防松标记齐全。

②机内各部配线无破损、固定良好。

③机内各部位油污及灰尘清扫，活动部位注油。

（4）接点组检查（图4-69）。

①动、静接点安装牢固，接点片不歪斜，动静接点无间隙，不透光。

②接点干净，无磨耗、氧化、拉弧、裂纹；开口销齐全，无折断或弯折裂痕。

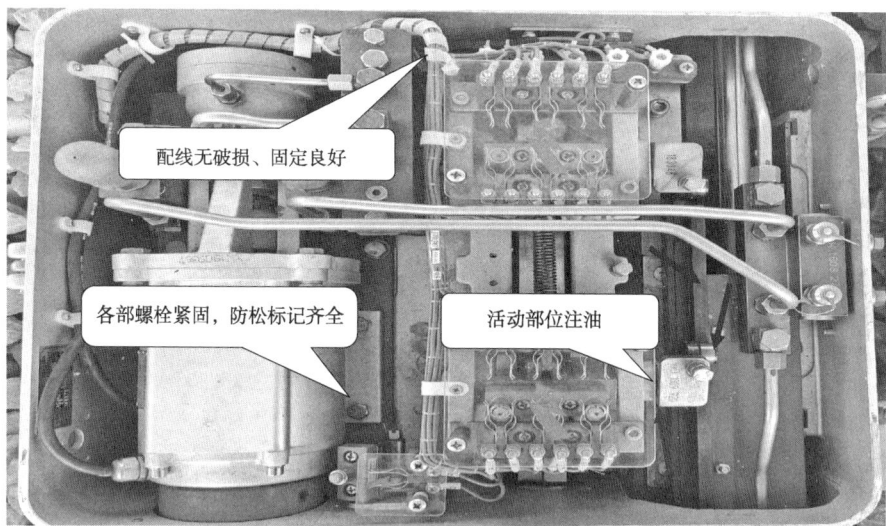

图 4-68　ZY(J)7 型电液转辙机机内部件、配线清理及注油

③接点电阻不大于 0.4Ω。

④动接点在静接点片内的接触深度不小于 4mm,摆动量不大于 2mm,与静接点座保持 3mm 以上间隙。

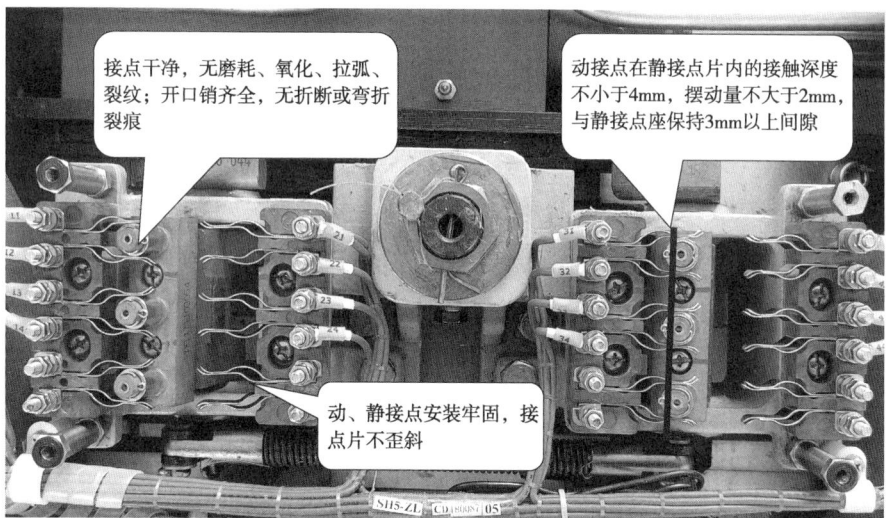

图 4-69　ZY(J)7 型电液转辙机接点组检查

(5)启动片与速动片间隙为 $0.3\sim1.3$mm;滚轮在动作板上滚动灵活,落下时滚轮与动作板斜面有 0.5mm 以上间隙,如图 4-70 所示。

(6)缺口检查。

检查柱落入检查块缺口内,对于外锁闭,锁闭柱与锁闭杆缺口两侧的间隙为 (2 ± 0.5)mm;检查柱与表示杆检查块缺口间隙为 (4 ± 1.5)mm,如图 4-71 所示。

滚轮与动作板斜面有0.5mm以上间隙

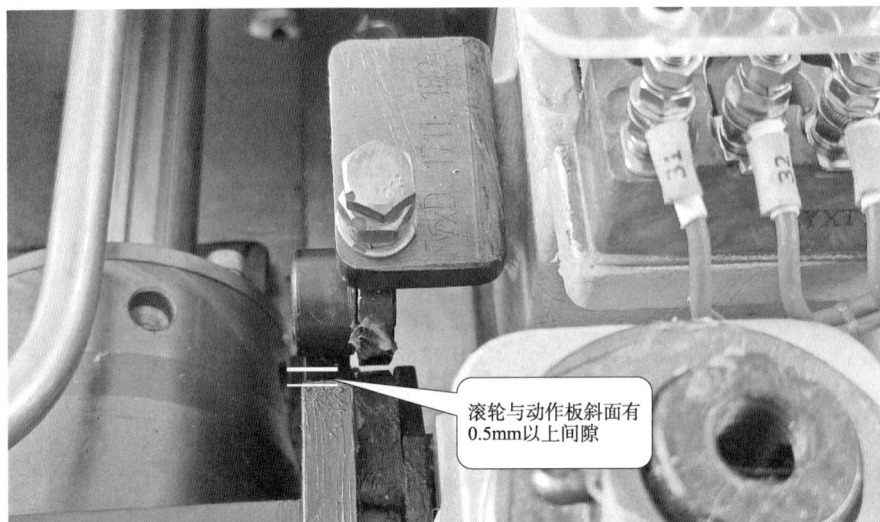

图 4-70 启动片与速动片间隙检查

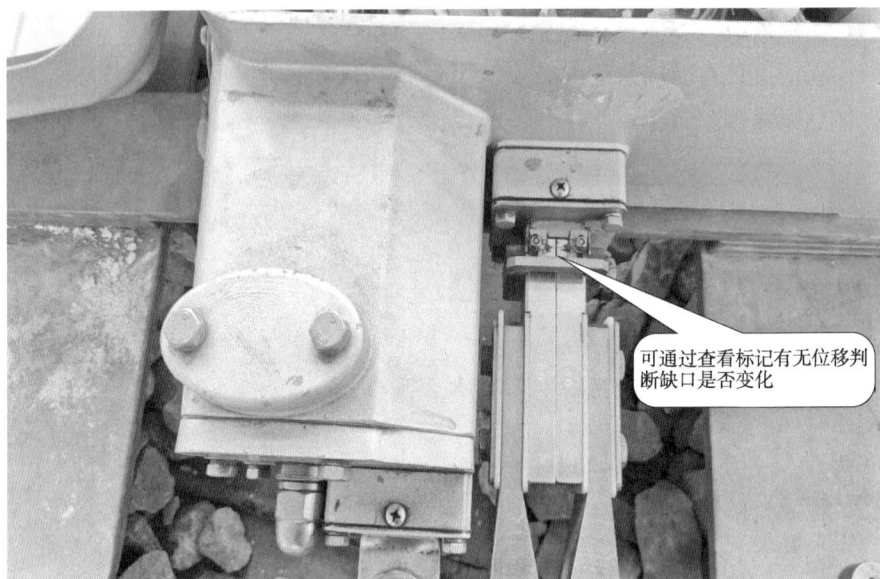

可通过查看标记有无位移判断缺口是否变化

图 4-71 缺口检查

（7）电缆盒内部检查（图4-72）。

①无进水、进潮、进灰现象，盘根无老化裂纹。

②各部端子紧固，配线无破损、老化，绑扎良好。

③电缆去向铭牌齐全、正确，原理图、配线图齐全、正确。

④二极管固定良好，无过热现象。

4. 测试

（1）动作电压测试。

测试标准：不小于 AC380V。

测试方法:将万用表置于交流 500V 电压挡,表笔分别接电机电源端子 A 相(1、2)、B 相(1、3)、C 相(2、3),来回扳动道岔,测得动作电压,如图 4-73 所示。

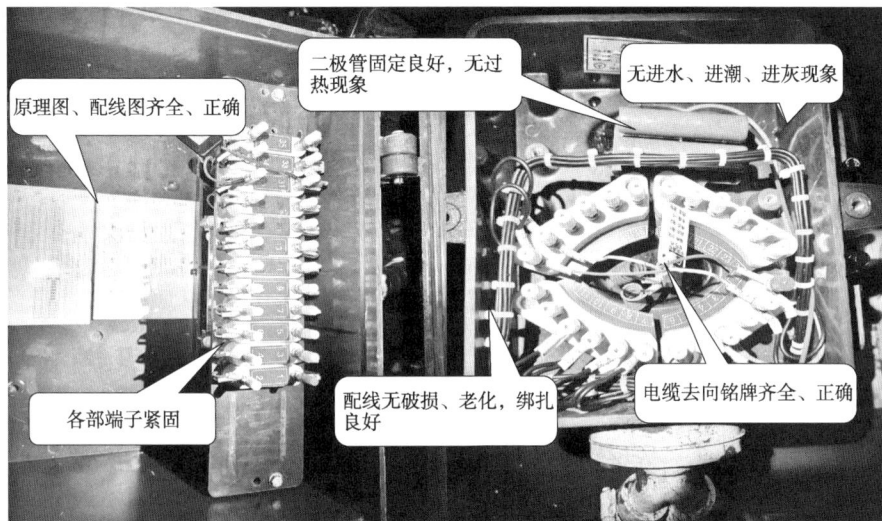

图 4-72 电缆盒内部检查

图 4-73 动作电压测试

(2)动作压力、溢流压力测试。

测试标准:动作压力不大于 10MPa,溢流压力不大于 14MPa。

测试方法:取下压力测试孔处圆形螺母,安装压力表,如图 4-74 所示。联系室内来回扳动道岔,道岔转换过程中压力表最大读数即为动作压力;用 4mm 密贴试验卡板卡阻道岔第一牵引点处,分别让道岔定、反位处于溢流状态,如图 4-75 所示,此时压力表读数即为溢流压力,如图 4-76 所示。

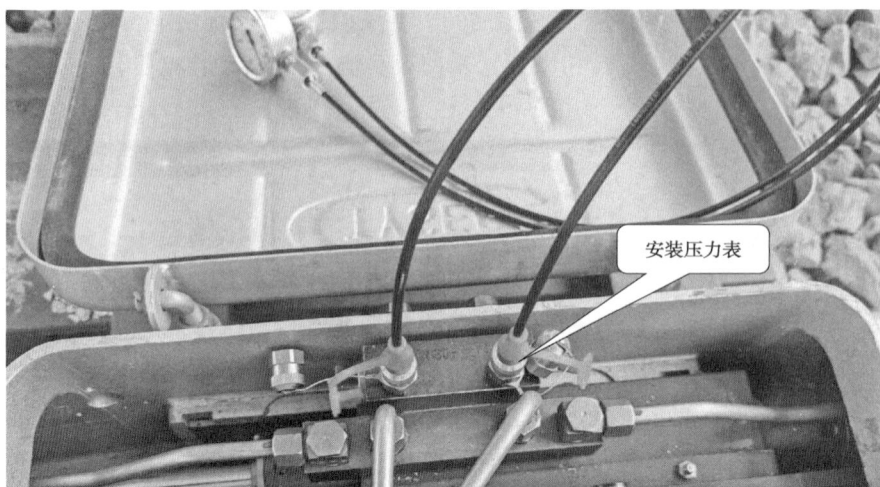

安装压力表

图 4-74　安装压力表

用4mm密贴试验卡板卡
阻道岔，使道岔处于溢
流状态

图 4-75　道岔处于溢流状态

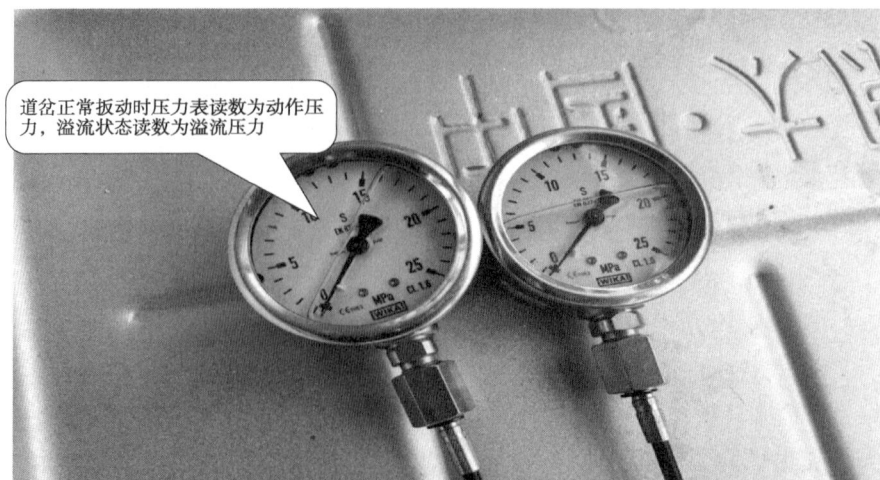

道岔正常扳动时压力表读数为动作压
力，溢流状态读数为溢流压力

图 4-76　压力读数

（3）表示继电器交、直流电压测试。

测试方法：将万用表置于交流 100V 电压挡，红表笔接线圈 1 端子、黑表笔接线圈 4 端子，测得表示继电器交流电压；将万用表置于直流 100V 电压挡，红表笔接线圈 1 端子、黑表笔接线圈 4 端子，测得表示继电器直流电压，如图 4-77 所示。

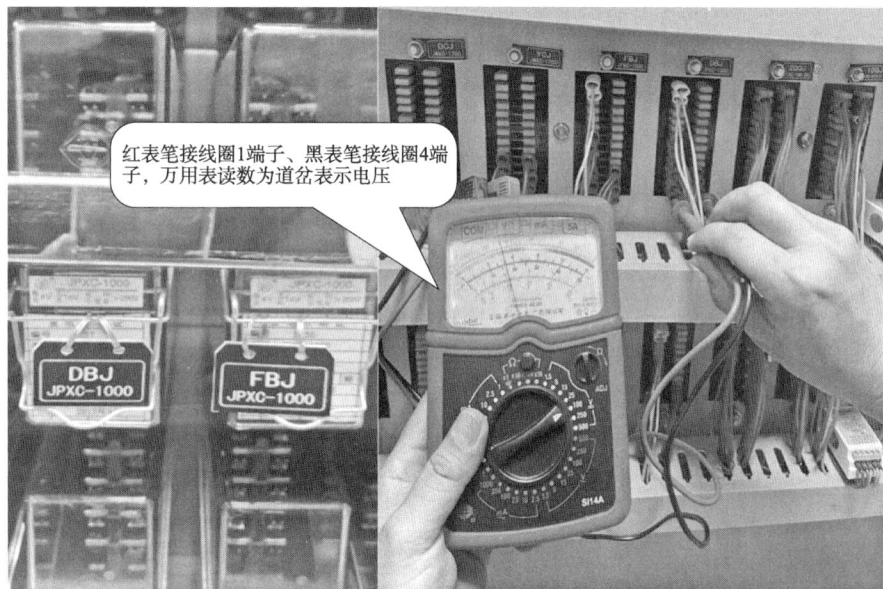

图 4-77　表示继电器交、直流电压测试

5.扳动试验

道岔转换过程动作顺畅、尖轨无反弹；密贴尖轨与基本轨、心轨与翼轨间有 4mm 及以上水平间隙时，不得锁闭道岔和接通道岔表示电路。

6.设备复查

（1）道岔扳动复查。

①道岔定、反位扳动顺畅，表示正常。

②调阅复查道岔动曲线，缺口曲线良好。

（2）防松、防脱措施复查。

①防松扎线、开口销齐全，作用良好。

②箱盒加锁良好，杆件防护罩安装稳固，防掀措施良好。

八、销记

（1）检修完毕，作业人员检查，确认无工具及材料遗漏、设备运用正常、控制台无异常后申请销记。

（2）作业人员向驻站联络员汇报作业完毕，驻站联络员会同车务人员确认设备良好后通知作业人员撤离。

(3)驻站联络员确认作业人员撤离至安全区域后,办理销记。

九、小结

作业完毕,作业负责人组织召开班后总结会,作业人员汇报任务完成情况和设备质量情况,将检修发现的未能解决的问题纳入问题库记录下来,及时进行整治,做到闭环管理。

任务七 认识 ZD(J)9 系列电动转辙机

一、ZD(J)9 系列电动转辙机概述

1.特点

ZD(J)9 系列电动转辙机是一种能适应交、直流电源的新型转辙机。它有着安全可靠的机内锁闭功能,因此既适用于联动内锁道岔,又适用于分动外锁道岔,既适用于单点牵引,又适用于多点牵引,安装时,既能角钢安装,又能托板安装。

2.型号

ZD(J)9 系列电动转辙机的型号如图 4-78 所示。

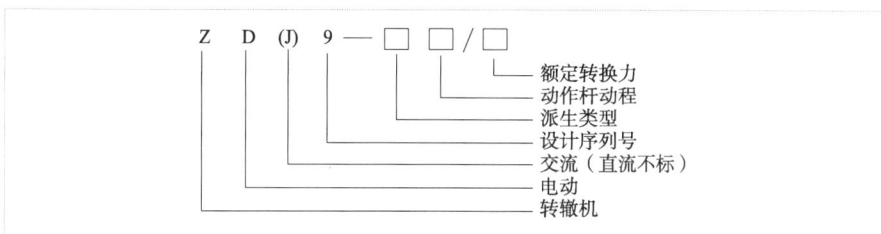

图 4-78 ZD(J)9 系列电动转辙机的型号

3.使用环境及适用范围

(1)使用环境。

ZD(J)9 系列电动转辙机能在下列条件下可靠地工作:

大气压力:不低于 70kPa(海拔不超过 3000m)。

周围空气温度:−40 ~ 70℃。

空气相对湿度:不大于 90%(25℃)。

振动:不大于 21g。

周围无引起爆炸、足以腐蚀金属以及破坏绝缘的有害气体或导电尘埃。

(2)适用范围。

ZD(J)9 系列电动转辙机有交流和直流两种类型,可适用不同的供电种类。另外,还能满足转换不同类型的道岔的要求,比如单点牵引、双点牵引、多点牵引等,既适用于普通道岔,又适用于提速道岔及客运专线道岔的转换。

ZD(J)9 系列电动转辙机根据所安装的牵引点不同分为可挤型、不可挤型。

ZD(J)9 系列电动转辙机专门设计有安全开关,维护时,安全开关打开,不经人工恢复转辙机不能动作。

ZD(J)9转辙机拆解

二、ZD(J)9 系列电动转辙机结构和主要部件

1.结构

ZD(J)9 系列电动转辙机主要由电动机、减速器、摩擦联结器、滚珠丝杠、推板套、动作板、锁块、锁闭铁、接点座、动作杆、锁闭(表示)杆等零部件组成,结构采用模块化设计,便于维护和维修。转辙机整体如图 4-79 所示,部件如图 4-80 所示。

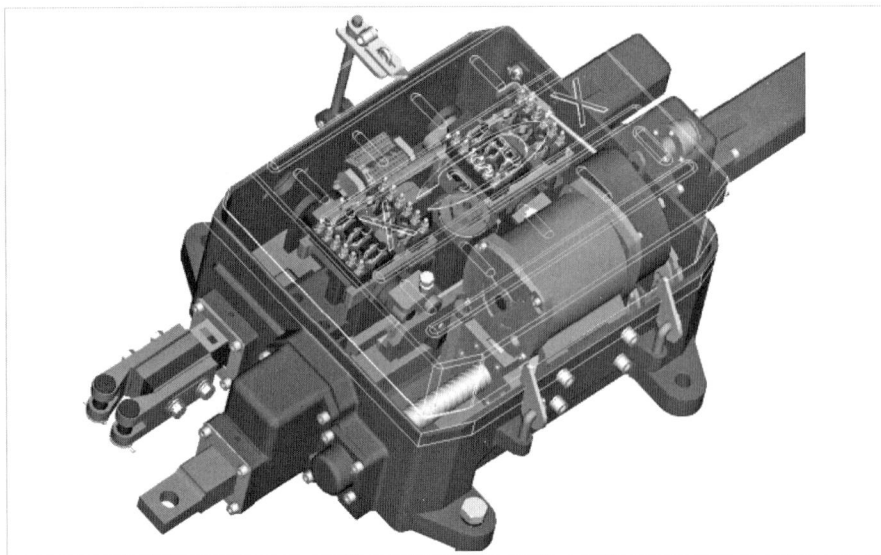

图 4-79   转辙机整体

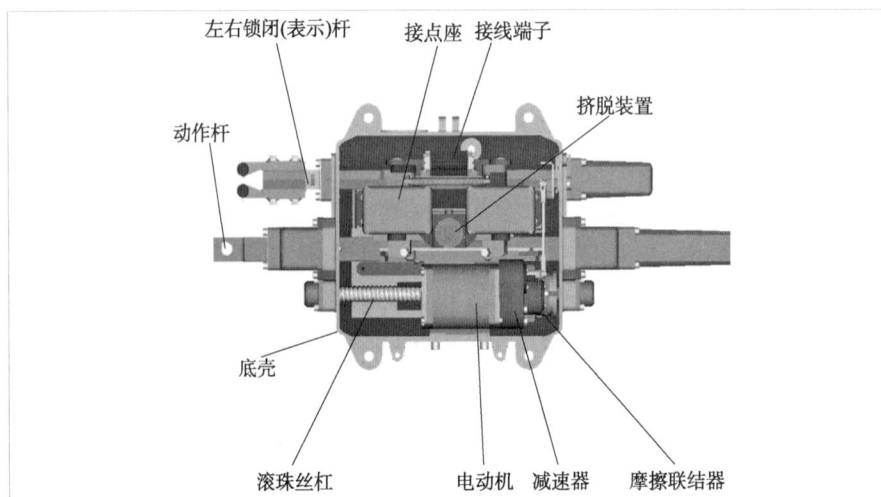

图 4-80   转辙机部件

2.主要部件

(1)电动机。

交流电动机为 ZDJ802-4 型专用电动机,额定电压 AC380V,功率 0.6kW,转速 1330r/min,额定转矩 2N·m,堵转转矩 2.8N·m(单线串 54Ω 电阻条件下),F 级绝缘。轴承采用能使用于 -40℃润滑脂的 SKF 双面密封 轴承。拉拔铝合金外壳的新型电动机,在不改变电动机特性的前提下重量 更轻、更加美观,如图 4-81 所示。

(2)减速器。

减速器为两级减速,可以通过变动减速比来改变转换力或转换时间,如 图 4-82 所示。

图 4-81 电动机

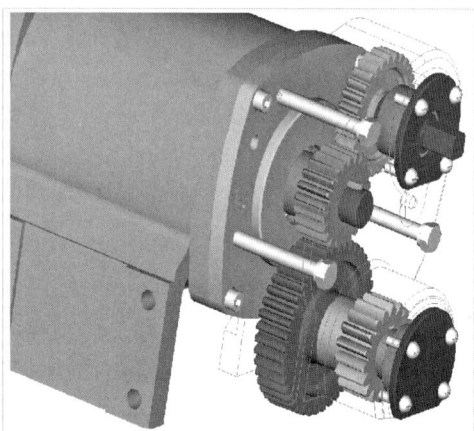

图 4-82 减速器

(3)滚珠丝杠。

滚珠丝杠选用 3210 型多列阵磨削丝杠,直径 32mm,导程 10mm,由于导 程大,滚珠也大,可靠性高。丝杠母采用法兰盘结构方式,便于选用标准结 构,如图 4-83 所示。

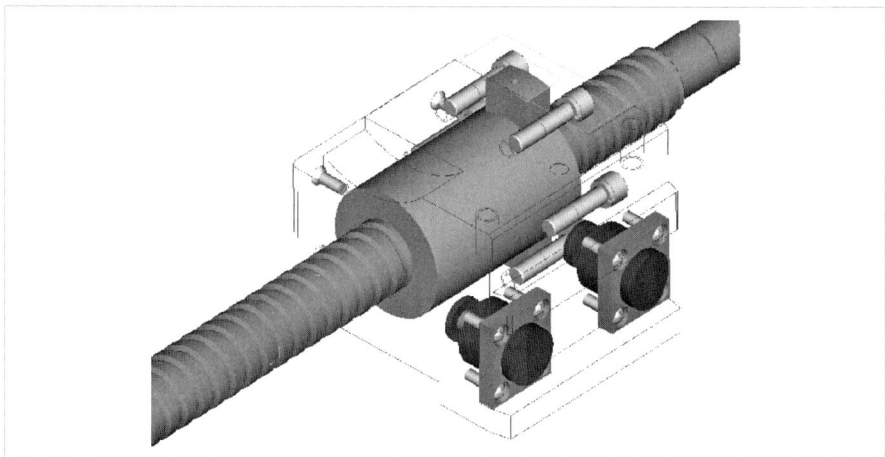

图 4-83 滚珠丝杠

（4）摩擦联结器。

摩擦联结器采用干式摩擦联结器，主动片是 4 片外摩擦片，弹簧钢板材经盐浴处理，耐磨防锈；被动片是 3 片铜基粉末冶金摩擦材料的内摩擦片，用 12 个弹簧加压，用以改变内外摩擦片间的压力，达到改变最大输出转矩的效果，转辙机摩擦力随之改变，如图 4-84 所示。

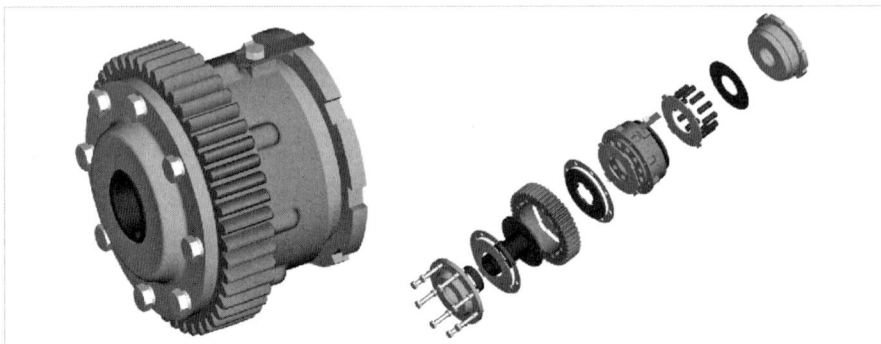

图 4-84　摩擦联结器

图 4-85　自动开闭器

ZD(J)9转辙机的
传动过程

学习笔记

（5）自动开闭器。

自动开闭器分为可挤型与不可挤型两种，左右调整板位于自动开闭器一侧。动、静接点组外观形式与 ZD6 系列相同，如图 4-85 所示。

在以上的主要零部件中，电动机可根据需要直接更换成交流或者直流电动机，更换方便；主要传动部件滚珠丝杠寿命长、传动效率高；摩擦联结器采用片式粉末冶金摩擦方式，在正常的维护下可以保证转换力的稳定；静接点片采用铍青铜片，动接点环为铜钨合金，耐磨损、使用寿命长；接线端子采用德国万可专用端子，电气性能稳定可靠；机盖采用热镀锌，防锈能力强。

任务八 ZD(J)9系列电动转辙机及道岔检修作业

一、作业目的

通过对ZD(J)9道岔转换设备进行检修,掌握设备运用状态,发现设备存在的问题,为后续开展设备整治提供依据。

二、作业安全注意事项及风险提示

1.注意事项
(1)现场作业时须设置专人防护或物理防护。
(2)在操作道岔时尖轨缝隙较大,注意防止尖轨夹伤。
(3)机内检修时必须断开安全接点。
(4)作业期间严禁佩戴首饰、手表及其他影响安全作业的个人物品。

2.风险提示
(1)做好各部螺栓紧固、转辙机、杆件、安装装置检查,防止机械性能失效。
(2)做好各部螺栓、转辙机、密检器内部检查,防止道岔失表、电气特性失效。
(3)做好道岔转辙部位检查,防止道岔转换不到位发生故障。
(4)严格按规定做好室内外防护工作,牢记相关劳动安全要求,防止设备运作及车辆造成人身伤害。
(5)严格按规定进行手摇把申请和归还,防止手摇把管理失控。
(6)作业时认真细致,作业后对作业处进行认真检查,并对相关材料、工具进行复核,防止现场遗留工具、材料,消除异物,防止被夹。

三、作业内容

(1)检查道岔密贴情况,各部件有无破损,尖轨、基本轨、心轨、翼轨竖切部分有无肥边,尖轨有无离隙、翘头、拱背。
(2)检查安装装置有无损伤。
(3)检查表示杆是否变形(错位/张口),缺口有无变化。
(4)检查设备有无外界干扰,加锁装置是否良好。
(5)检查箱盒有无破损、漏水,防尘罩是否安装良好。

（6）检查基础有无破损，粉饰是否良好。

（7）检查外部螺栓是否松动，开口销是否齐全、标准，引入管是否安装良好。

（8）基础面、设备外部清扫、注油。

（9）滑床板清扫、涂油。

（10）进行扳动试验。

（11）检查安装装置及各连接杆绝缘性。

（12）检查表示杆及转辙机动作杆与锁闭杆、连接杆是否油润良好、无锈蚀。

（13）检查转辙机动作杆与锁闭杆、连接杆是否在一条直线上，锁闭杆与锁闭框是否不别劲。

（14）检查锁钩锁闭是否良好、不别劲。锁钩、锁钩连接轴、锁闭杆及锁闭铁是否保持清洁、油润、无锈蚀，锁钩与锁钩连接轴横向滑动是否良好。

四、作业工具及材料

作业工具及材料清单见表4-4。

作业工具及材料清单　　　　　　　　　　　　　　　　　表4-4

名称	规格	单位	数量
尖嘴钳		把	1
钢卷尺	5m	把	1
活口扳手	300mm、450mm	把	各1
斜口钳		把	1
克丝钳		把	1
6件套微型螺钉旋具		套	1
全抛光双梅花扳手	27mm/30mm	把	1
套筒扳手	4mm、5mm、6mm	把	各1
油壶		个	1
医用不锈钢止血钳		把	1
万用表		块	1
安全帽		顶	3
红闪灯		台	3
抹布/棉纱			若干
润滑油		桶	1
一字螺丝刀	5mm×150mm、8mm×200mm	把	各1

续上表

名称	规格	单位	数量
十字螺丝刀	3mm×75mm、5mm×150mm	把	各1
电台	800MHz	台	2
转辙机钥匙		把	1
密贴调整片	0.5mm、1mm	块	若干
试验锤	2mm,4mm	把	1
缺口卡尺	2mm	个	1
荧光衣		件	3
手持台	800MHz	台	2
毛刷		把	1
铁丝	直径1.6mm	m	适中

五、作业前准备

1. 预测预判

(1)值班人员调阅:值班人员通过微机监测调阅道岔运用情况,发现问题及时上报,值班工长分析道岔问题,安排人员处置。

(2)作业组长调阅:通过微机监测、缺口监测等手段,对被养护道岔进行调阅分析,对于道岔变化较大的做出分析并记录,针对可能存在的问题上报当天派班工长,派班工长进行分析,做出安全提示,提出养护要求。

2. 作业安排

(1)作业负责人布置检修任务,明确作业地点、作业时间及相关人员分工,并做出安全提示。

(2)由安全员(或作业负责人指定人员)结合当天具体工作开展针对性安全预想,布置劳动安全和行车安全的具体措施。

(3)作业组长根据安排预想当日作业流程,有疑问及时询问工长,工长进行答疑,并在派班会上再次对疑问点进行风险提示。

3. 工器具及材料准备

按照作业项目及材料清单准备好工具、仪表及材料,准备开箱钥匙、照明用品、防护用具、备品备件(密贴调整片、开程调整片)。

4. 着装准备

穿戴好防护服、绝缘鞋。

六、登记联系

(1)驻站联络员携带作业调度命令、作业派工单提前40min(高铁提前

60min)到车站信号楼,经车站值班员签字确认,双调度命令下达后开始工作;在值台联系过程中必须认真执行驻站联络员作业标准,密切监视列车运行情况,及时通知现场防护员,并填写驻站防护控制表。

(2)驻站联络员必须按照《技规》《行规》《维规》有关要求和电务部门作业在运统-46上登记、销记用语样板,在运统-46(施工)内登记。

七、作业流程及标准

1.外部检修

(1)设备外观检查。

①设备箱盒铭牌齐全、清晰、正确。

②箱盒无裂纹,油饰、加锁良好,蛇管、胶管完好、不脱落。

③箱盒基础无影响强度的裂纹,不倾斜。

④设备硬面化清洁、无杂草。

⑤信号电缆不外露。

⑥槽钢完整、支架固定良好,油管接头无渗油、漏油,油管弯曲半径大于150mm。

(2)转辙机两端与基本轨垂直偏差不大于10mm;各杆件的两端与基本轨的垂直偏差不大于20mm,水平方向的两端高低偏差不大于10mm。

(3)安装装置检查。

①托板、锁闭框、钩头、锁闭铁、尖端铁、锁闭杆等外观完好。

②锁钩、锁闭杆能左右适度摆动,锁钩与锁闭铁斜面自然吻合,间隙不大于0.5mm。

③安装装置无损伤,各类绝缘无破损。

(4)防松脱检查。

外部螺栓防松标识齐全,螺栓无松动,开口销、防松扎线齐全,开口销劈开角度为60°~120°,长度不大于螺母外径5mm。

(5)杆件净空、销孔旷量、丝扣余量检查。

①穿越轨底的各种杆件,距轨底的净距离应大于10mm。

②表示杆销孔旷量小于0.5mm,其他杆件销孔旷量小于1mm。

③各类杆件的内外螺纹调整余量大于10mm。

(6)滑动面、摩擦面、限位块、导向销检查。

①锁闭铁、锁钩与锁闭杆接触的摩擦面清洁、油润,锁闭杆无凹槽。

②导向销、限位块安装紧固,限位块与锁闭框的间隙为1~3mm。

③锁钩轴销轴向滑动良好、清洁、油润。

(7)外部清扫、注油。

①对安装、锁闭装置进行全面清扫、除垢、注油,保持油润不锈、动作灵活。

②对滑床板清扫、注油,带滚轮的尖轨部位禁止涂油,心轨部位用油壶在滑床板上注油后用毛刷涂匀,防止油流淌至滑床板胶垫上。

③用长嘴油壶在小尖轨连接部位缝隙处适当滴入机油。

注意:严禁用毛刷直接在轨面上涂机油;用油壶滴油时尽量避免将机油洒落在轨面上,如不慎洒在轨面上,应及时用棉纱擦净。

2.结合部检查

(1)开程、密贴状态、肥边检查。

①开程符合标准[直钢尺测量尖(心)轨非作用边与基本轨作用边之间的距离]。

②尖(心)轨至第一牵引点范围内间隙不大于0.5mm,其余部位不大于1mm。

③尖(心)轨、基本轨肥边不大于1mm。

(2)尖(心)轨、滑床板、辊轮、防跳器等检查。

①尖(心)轨无影响道岔转换、密贴的翘头、拱曲、侧弯。

②防跳器齐全、不松脱,作用良好。尖轨存在虚开时,防跳器铁卡可与斥离尖轨轨底侧面接触,尖轨在斥离位时防跳器铁卡与斥离尖轨轨底侧面距离为3~5mm。

③滑床板无磨痕,长短心轨轨底与滑床板的间隙不大于1mm,空吊连续不超过三块。

④辊轮齐全、作用良好。尖轨轨底与滑床板密贴时,内侧辊轮高出滑床板顶面2mm,外侧辊轮高出滑床板顶面3mm;尖轨轨底与滑床板顶面存在间隙时,增加辊轮高度;密贴侧尖轨轨底与辊轮45°斜面间隙为1mm。

(3)尖(心)轨爬行量检查。

尖(心)轨基本轨爬行量不超过20mm。

(4)顶铁、间隔铁等检查。

顶铁、间隔铁、轨撑、轨距块作用良好,顶铁间隙不大于1mm。

(5)三道缝检查。

①基本轨轨底边与滑床台边有缝隙。

②基本轨外侧轨颚及轨底上部与轨撑接触部分有缝隙。

③轨撑尾端与滑床板挡肩有缝隙。

3.箱盒内部检查

(1)转辙机内部无进水、进潮、进灰,盘根无老化裂纹,测试记录本齐全,如图4-86所示。

(2)道岔转换时电机无异响、噪声。

(3)传动系统检查。

①道岔转换时,滚珠丝杠动作平稳、无噪声,摩擦联结器不空转、作用良好,如图4-87所示。

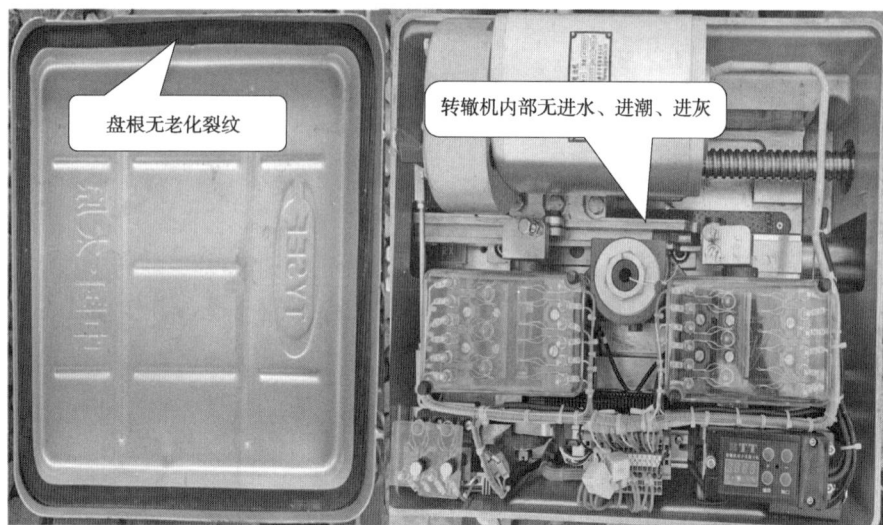

图 4-86 ZD(J)9 系列电动转辙机内部防尘、防水检查

图 4-87 摩擦联结器检查

②滚珠丝杠、动作杆、齿轮组、锁闭块、操纵板清洁、油润,如图 4-88 所示。

(4)机内部件、配线清理及注油(图 4-89)。

①机内各部螺栓紧固(检查防松标记位移变化)、防松标记齐全。

②机内各部配线无破损、固定良好。

③机内各部位油污及灰尘清扫,活动部位注油。

(5)接点组检查。

①动、静接点安装牢固,接点片不歪斜,动静接点无间隙、不透光。

②接点干净,无磨耗、氧化、拉弧、裂纹;开口销齐全,无折断或弯折裂痕。

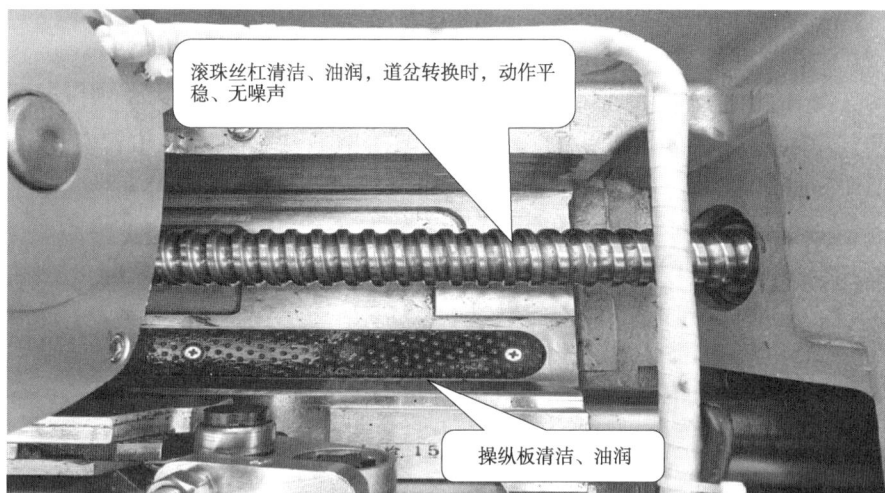

滚珠丝杠清洁、油润，道岔转换时，动作平稳、无噪声

操纵板清洁、油润

图 4-88 滚珠丝杠、操纵板检查

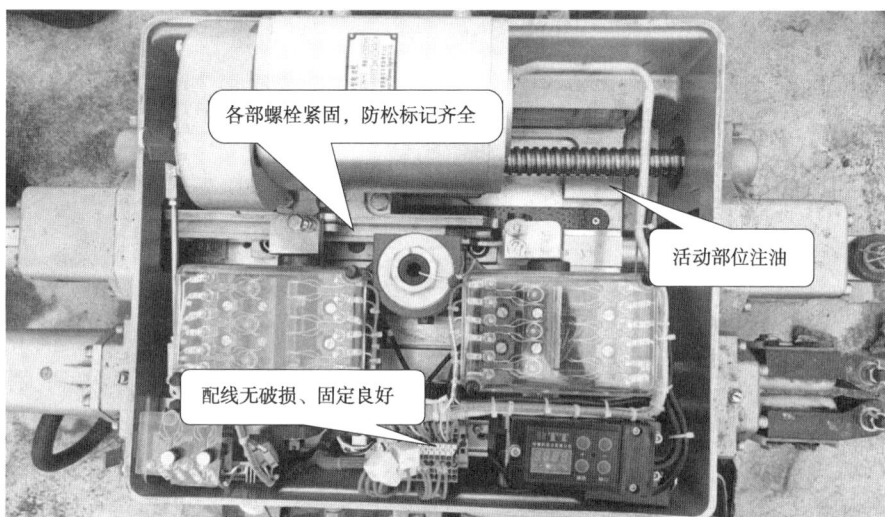

各部螺栓紧固，防松标记齐全

活动部位注油

配线无破损、固定良好

图 4-89 ZD(J)9 系列电动转辙机机内部件、配线清理及注油

③接点电阻不大于 0.4Ω。

④动接点在静接点片内的接触深度不小于 4mm，摆动量不大于 3.5mm，与静接点座保持 3mm 以上间隙。

(6)缺口检查。

检查柱落入检查块缺口内，锁闭柱与锁闭杆缺口两侧的间隙应为 (2 ± 0.5) mm；检查柱与表示杆检查块缺口间隙为 (4 ± 0.5) mm。

(7)电缆盒内部检修。

①内部无进水、进潮、进灰，盘根无老化裂纹。

②内部螺栓紧固良好，配线无破损、老化，固定良好。

③电缆去向铭牌齐全、正确，原理图、配线图齐全、正确。

④二极管固定良好,无过热现象。

4.扳动试验

道岔转换过程动作顺畅、尖轨无反弹;密贴尖轨与基本轨、心轨与翼轨间有4mm及以上水平间隙时,不得锁闭道岔和接通道岔表示电路。

5.设备复查

(1)道岔扳动复查。

①道岔定、反位扳动顺畅,表示正常。

②调阅复查道岔动曲线,缺口曲线良好。

(2)防松、防脱措施复查。

①防松扎线、开口销齐全,作用良好。

②箱盒加锁良好,杆件防护罩安装稳固,防掀措施良好。

八、销记

(1)检修完毕,作业人员检查,确认无工具及材料遗漏、设备运用正常、控制台无异常后申请销记。

(2)作业人员向驻站联络员汇报作业完毕,驻站联络员会同车务人员确认设备良好后通知作业人员撤离。

(3)驻站联络员确认作业人员撤离至安全区域后,办理销记。

九、小结

作业完毕,作业负责人组织召开班后总结会,作业人员汇报任务完成情况和设备质量情况,将检修发现的未能解决的问题纳入问题库记录下来,及时进行整治,做到闭环管理。

参 考 文 献

[1] 铁路职工岗位培训教材编审委员会.信号工:联锁、列控与区间信号设备维修[M].北京:中国铁道出版社,2009.

[2]《铁路职业技能鉴定实作演练丛书》编委会.信号工:车站与区间信号设备维修[M].北京:中国铁道出版社,2003.

[3] 铁路职工岗位培训教材编审委员会.信号工:电子、机电设备维修[M].北京:中国铁道出版社,2009.

[4] 铁路职工岗位培训教材编审委员会.信号工:通用基础知识[M].北京:中国铁道出版社,2009.

[5] 杜中彦.信号工作业指导[M].成都:西南交通大学出版社,2017.

[6] 中国铁路总公司.高速铁路信号作业指导意见[M].北京:中国铁道出版社,2015.

[7] 中国铁路总公司.普速铁路信号作业指导意见[M].北京:中国铁道出版社,2013.

[8] 张仕雄.铁路信号基础设备维护[M].2版.北京:中国铁道出版社有限公司,2023.